Johann Philipp von Bethmann

Das Kartenhaus unseres Wohlstandes

Johann Philipp von Bethmann

Das Kartenhaus unseres Wohlstandes

Warum der Kapitalismus
noch nicht triumphieren kann

ECON Verlag
Düsseldorf · Wien · New York

CIP-Titelaufnahme der Deutschen Bibliothek
Bethmann, Johann Philipp von:
Das Kartenhaus unseres Wohlstandes: Warum der Kapitalismus noch nicht triumphieren kann/Johann Philipp von Bethmann.
– Düsseldorf; Wien; New York: ECON Verl., 1991
ISBN 3-430-11234-6

Lektorat: Dr. Wolfgang Stock
Gesetzt aus der Garamond Stempel, Berthold
Satz: Dörlemann-Satz, Lemförde
Papier: Papierfabrik Schleipen GmbH, Bad Dürkheim
Druck und Bindearbeiten: Bercker Graphischer Betrieb GmbH, Kevelaer
Printed in Germany
ISBN 3-430-11234-6

Inhaltsverzeichnis

Einleitung

Mauern fallen, der Stacheldraht wird eingerollt, die Bürger stehen auf. Unbeschreibliche Szenen, die sich an den Glückstagen im November 1989 abgespielt haben. Die Deutschen aus beiden Teilen unseres seit Generationen geteilten Landes begegnen sich frei und unbefangen, und sie erfahren in beeindruckender Weise, daß sie sich viel weniger auseinandergelebt haben (oder auseinandergelebt worden sind), als sie es selbst befürchtet hatten. Die Freiheit siegt. Die Selbstbestimmung der freien, verantwortungsbewußten Bürger ist nicht verlernt worden – im Gegenteil. Die DDR-Bürger demonstrierten staatsbürgerlich und souverän, zornig, aber gewaltlos in einer Weise, von der wir geübten Demokraten etwas lernen können. Ein wenig stolz können wir Deutschen schon sein, daß unsere Landsleute so eindrucksvoll demokratische Tugenden praktizierten und mit Worten und Schritten ohne Blutvergießen ein Regime demontierten, das jahrzehntelang nur mit Gewalt und Einschüchterung geherrscht hatte, und zwar im Namen des Sozialismus, der sich nun endgültig als völlig untauglicher Versuch einer humanen Gestaltung des menschlichen Zusammenlebens erwiesen hat.

Dies war allerdings vorauszusehen. Den funktionierenden sozialistischen Menschen gibt es eben nicht. Es wird ihn auch nie geben, schon gar nicht existiert der marxistische Homo oeconomicus, der im vorausschauenden Planen bürokratischer Politiker die Befriedigung seiner Bedürfnisse erfüllt sieht. Weil es diesen Menschen nicht gibt und auch nicht geben kann, darum war der Sozialismus zum Scheitern verurteilt. Jetzt kann es jedermann sehen, leider erst jetzt. Das Experiment hat viel zu lange gedauert. In unseren Tagen ging es zu Ende, aber was kommt danach? Wer weiß die Antwort?

Das ist die Frage, die uns alle bewegt. Uns alle, sowohl die Betroffenen, die die Fesseln sozialistischer Beglückungspolitik abgestreift haben, als auch wir verwöhnten Bewohner fern von Stacheldraht und Schießbefehl. Wir, die glücklichen Nutznießer eines freien Systems, das wir lieber »Marktwirtschaft« als »Kapitalismus« nennen und das wir, wenn auch nicht überschwenglich, als einzig wahre Lösung empfehlen. Nicht überschwenglich. Ich meine, das ist gut so. Hoffentlich bleibt es dabei. Der gescheiterte sozialistische Beglückungsversuch darf nicht durch einen von außen aufgedrängten kapitalistischen Beglückungsversuch ersetzt werden. Das müßte schiefgehen, und das wäre tragisch. Die Umstellung vom real existierenden Sozialismus auf einen real funktionierenden Kapitalismus ist ein Prozeß voller Härten und Ungerechtigkeiten, der möglichst schonend, zeitlich gestreckt und schrittweise vollzogen werden muß, damit nicht große Enttäuschungen alles wieder verderben.

Auf unserer Seite aber muß erst einmal kritischer als bisher geprüft und untersucht werden, ob wir überhaupt vertrauenswürdige, verläßliche Zeugen, Bekenner und Lehrmeister sein können in diesem Prozeß der Systemablösung. Es stellt sich die Frage: Sind wir selbst mit den Schwierigkeiten und Problemen des freien Systems fertig geworden? Können wir auf glückliches Gelingen und auf überzeugenden Erfolg der kapitalistischen Wirtschaft verweisen? Haben wir genug Wissen und Erfahrung gesammelt, um andere, die eine völlig festgefahrene Ökonomie reformieren wollen, mit brauchbaren politischen Rezepten und mit nützlichen Gebrauchsanweisungen zu versorgen?

Das ist die entscheidende Frage, die an uns »im Westen« gerichtet ist. Niemand von uns, der ehrlich ist, wird diese Frage mit einem uneingeschränkten »Ja« beantworten. Darum wohl auch die relative Behutsamkeit unseres Auftretens. Und doch – für meinen Geschmack sind wir »im Westen« in dieser Situation noch nicht behutsam genug. Für jemanden wie mich, der sich seit Jahren darauf konzentriert, die gefährliche existenzbedrohende Fehlentwicklung bei uns, also die Fehlentwicklung des kapitalistischen Systems, zu beschreiben, zu analysieren und bloßzustellen, besteht heute die größte Sorge darin, daß wir unsere eigenen Fehlleistungen immer noch nicht erkennen, ihre Ursachen

8

übersehen und darum als Berater in Sachen Kapitalismus versagen. Ohne Einsicht in die in Wirklichkeit ganz prekäre, ja völlig verfahrene Lage der Wirtschaft in der freien Welt und ohne Erkennen der Ursachen für diese Fehlentwicklung bei uns können weder unsere Wissenschaftler noch – und erst recht nicht – unsere Wirtschaftspolitiker den suchenden Reformern in der sozialistisch verdorbenen Welt die richtigen Ratschläge geben. So besteht die große Gefahr, daß die bei uns gemachten fundamentalen Fehler unerkannt weitergegeben werden mit der Folge, daß die einmalige Chance eines Neubeginns mit gekonnter und erfolgreicher Marktwirtschaft vertan wird.

Die Aufbauleistung unseres Landes ist beeindruckend. Mit Fleiß und Beharrlichkeit haben die Bürger zwischen Flensburg und Konstanz einen Wohlstand erarbeitet, der seinesgleichen sucht. Nie ging es den Deutschen so gut wie heute. Die Deutschen werden immer wohlhabender. Die Einkünfte aus Geldvermögen haben zwischen 1983 und 1989 von 93 auf 127 Milliarden DM zugenommen. Wir haben die Chancen der freien Wettbewerbswirtschaft genutzt, mehr und besser als so manches andere Land im »freien Westen«, in der Großfamilie der kapitalistischen Weltwirtschaft. Und doch, zufrieden können wir nicht sein, genausowenig zufrieden wie alle anderen Angehörigen dieser Großfamilie. Die Weltwirtschaft ist aus den Fugen, auch unsere Wirtschaft ist nicht stabil. Die Zukunft ist überhaupt nicht sicher. Miesepetrige Nörgelei? Leider nicht! Wie soll man es sich denn, bitte, erklären, daß wir es heute in der westlichen Welt bei allem erreichten Wohlstand zu tun haben

- mit einem riesigen Schuldenberg von einigen Billionen Dollar, von denen Hunderte von Milliarden Dollar uneinbringlich geworden sind,
- mit einer weiteren ständigen Schuldenwucherung von mindestens zwei bis drei Milliarden Dollar pro Tag bei immer schlechter werdender Qualität,
- mit einer Geld- und Geldkapitalverzinsung, die – nur kurzweilig unterbrochen – seit zwanzig Jahren weit über der realen Wachstumsrate des Bruttosozialprodukts liegt,

- mit einem extremen Auf und Ab von Preisen, Kursen und Zinsen als Zeichen für die Abwesenheit jeder stabilisierenden Wirtschafts- und Konjunkturpolitik,
- mit einem hemmungslosen spekulativen Handel mit allem, mit Geld und Gütern und mit ganzen Unternehmen,
- mit einer strukturellen Arbeitslosigkeit von vielen Millionen, die zwar in den sozialen Netzen besser aufgefangen wird als früher, die aber doch ein großes Versagen des Systems bedeutet,
- mit einer in den meisten Industrieländern immer ungerechter gewordenen Einkommens- und Vermögensverteilung und mit Exzessen privater Bereicherung, die vor allem im kapitalistischen Amerika zu unerträglichen Zuständen geführt haben,
- mit einem erschreckenden Anstieg einer weitgehend tolerierten hochkarätigen Wirtschaftskriminalität, die alle Grenzen des Anstands und der guten Sitten überschreitet und verwischt.

Es ist schon so: Auch wenn wir es immer wieder gerne verdrängen, der »Kapitalismus« ist in eine Sackgasse geraten, und er hat sich selbst in diese Sackgasse hineinmanövriert. Woran liegt das? Es gibt mehrere Ursachen, aber die wichtigste ist die ungelöste Geldfrage beziehungsweise die ungebändigte Inflation. Die Marktwirtschaft kann nur funktionieren, und das heißt ihre unverwechselbaren Stärken und Qualitäten überzeugend unter Beweis stellen, wenn das Geld die wichtigsten seiner vielfältigen Funktionen, nämlich

- als anerkanntes und als wertstabiles Zahlungsmittel,
- als verläßlicher und gerechter Bewertungsmaßstab,
- als angemessen rentable und wertbeständige Vermögensanlage,

erfüllt. Dazu bedarf es einer gekonnten, ihrer Wirkung bewußten und verläßlichen Geldpolitik. Daran hat es bisher gefehlt. Die Inflation blieb unbesiegt.
Wie wollen wir da als Vorbild und Lehrmeister auftreten? Das sind die Besorgnisse, die mich seit Jahren umtreiben. Dieses Buch möchte Sie, meinen Leser, sensibilisieren für die bedrohlichen Fehlentwicklungen

im real existierenden Kapitalismus, die wir angesichts der spektakulären Sozialismuspleite so leicht übersehen.

Ich möchte, daß Sie verstehen, was mich zum Schreiben überhaupt veranlaßt, und ich möchte Sie davon überzeugen, daß die Realität der Wirtschaft etwas anders ist, als Sie bisher gedacht haben, daß man so manches Alltägliche und scheinbar Vertraute auch ganz anders sehen kann und vielleicht auch ganz anders sehen muß.

Dabei weiß ich ganz genau, daß es gar nicht so einfach ist, Sie zu überzeugen und Sie damit für eine neue, andere Betrachtungsweise zu gewinnen. Nichts ist schwieriger als Umdenken, als Abschiednehmen von vertrauten Denkgewohnheiten. Am schwierigsten besonders da, wo das Gewohnte als gesichert und »richtig« erscheint und niemals bezweifelt wird, zumal es alltäglich und darum durchschaut und »selbstverständlich« daherkommt.

So glaubt doch niemand, Veranlassung zu haben, über gewisse Dinge noch einmal nachzudenken, wie etwa das Geld, die Preise, die Schulden, das Kaufen, das Bezahlen oder das Sparen. Was das alles ist, das weiß man doch – oder? Mehr, als man darüber weiß, braucht man doch einfach nicht zu wissen.

Das mag schon stimmen. Lediglich »mehr« wäre in diesen Fällen tatsächlich überflüssig. Wie aber, wenn man über diese Alltagsdinge zwar ziemlich viel und anscheinend genug wüßte, aber leider darunter auch manches, was nur scheinbar stimmt, in Wirklichkeit aber gar nicht richtig ist. Das wäre dann doch bedenklich, vor allem dann, wenn aus Nichtwissen und falschen Vorstellungen Fehleinschätzungen und daraus wieder Fehlverhalten im Umgang mit diesen scheinbar bekannten und durchschaubaren Dingen erwachsen. Halbwissen und Fehlinformationen können Fehlentscheidungen zur Folge haben und vermeidbaren Schaden hervorrufen.

Ganz schlimm und absolut gemeingefährlich werden aber solche falschen Vorstellungen von Art und Wesen alltäglicher Dinge, wenn diese die große Politik bestimmen, wenn die praktizierte Politik selbst, der wir ja ausgeliefert sind, auch auf solchem Nichtwissen und Nichtverstehen, kurz, wenn sie auf fundamentalen Irrtümern beruht.

Diese Irrtümer anzuprangern und verständlich zu machen ist Thema dieses Buches, das Sie zu lesen gerade begonnen haben. Es handelt im wesentlichen davon, daß eine Reihe der ganz alltäglichen, aber trotzdem allerwichtigsten Erscheinungen im Wirtschaftsleben – sowohl Vorgänge als auch Zustände – unerkannt oder unverstanden geblieben sind. Wobei erschwerend hinzukommt, daß diese Mißverständnisse und Fehlinterpretationen von Vorgängen in der Welt der Wirtschaft Allgemeingut sind. Alle Welt irrt sich, ob Laie oder Fachmann. Und es ist klar, daß der Irrtum der Laien nur begrenzten, der Irrtum des Fachmanns aber sehr großen Schaden anrichten muß. Dieser Schaden ist auch in Wirklichkeit längst eingetreten, und auch darüber wird in diesem Buch berichtet.

Wichtiger aber ist zunächst die Beschreibung der Irrtümer selbst und damit die Erklärung dafür, wie es zu den Schäden gekommen ist. Das Ganze ist ein schwieriges Unterfangen. Ich betreibe dieses Geschäft der »Aufklärung«, wie ich es selbst gerne nenne, seit nunmehr über zwanzig Jahren. Dies Buch soll nun kräftig weiterhelfen. Das wird auch gelingen, wenn Sie mir dabei helfen, und das werden Sie auch tun, wenn ich Sie überzeugt habe. Um dies zu schaffen, muß ich mich verständlich und klar ausdrücken. Ich kann Sie nur überzeugen, wenn Sie mich verstehen.

Auch ganz ungewohnte Darstellungsarten und Interpretationen werden von den meisten zunächst gut verstanden, allerdings überwiegend von den Laien, weniger von den Fachleuten. Für die Fachleute, für die Experten, ist meine scheinbar unwissenschaftliche Betrachtungsweise schwer verständlich und dann noch »zu simpel«, also abschreckend primitiv. »So einfach liegen die Dinge nicht.« Dieses Abwehrargument höre ich am häufigsten. In dieser Aussage steckt auch der Vorwurf der Monokausalität. Das Verdikt Monokausalität besteht aus der abschätzigen Behauptung, der »Andersdenkende« wolle die kompliziertesten Zusammenhänge und Entwicklungen immer wieder aus einer einzigen Ursache erklären. Er reite gewissermaßen ein Steckenpferd, in das er vernarrt ist, und er übersehe dabei die viel differenziertere Wirklichkeit. In unserem Fall besteht der mir gemachte Vorwurf darin, daß ich angeblich eine simple, weil monokausale »Crash-Theorie« vertrete, die alles aus dem Zins allein erklären wolle.

Ich kann dazu nur immer wieder sagen, daß es ungerechtfertigte und auch gerechtfertigte Monokausalitäten gibt. Monokausalität ist da gerechtfertigt, wo eine bestimmte Bewegung eindeutig von einem einzigen Anstoß ausgeht, wo also die unmittelbar wirkende Kausalität gegeben ist. Temperaturen unter null Grad lassen Wasser gefrieren. Oder gibt es dafür einen anderen Grund?

Im übrigen habe ich selbst nie von einer besonderen »Crash-Theorie« gesprochen, eher schon von einer neuen Konjunkturtheorie, die die ganze reale Vielfalt der Konjunktur neu und – wie ich meine – zutreffend erklärt. Doch davon später mehr.

Zu den Verständnisschwierigkeiten, mit denen ich zu kämpfen habe, gehört auch eine Ungenauigkeit, die in der Diskussion immer wieder auftaucht und auf die ich hinweisen möchte. Sie ist mir selbst erst in jüngerer Zeit ganz klar geworden. Häufig beruhen eintretende Mißverständnisse in der Diskussion darauf, daß bei der Beschreibung der ökonomischen Phänomene nicht präzise unterschieden wird zwischen »Zuständen« einerseits und »Entwicklungen« andererseits, also zwischen »statischen« und »dynamischen« Erscheinungen. Dies führt dann auch zu einer unkorrekten und irreführenden Vermischung von statischen und dynamischen Begriffen. So ist zum Beispiel »hoch« ein statischer Begriff, »steigend« aber ein dynamischer. Darum beschreibt »steigend« geradezu das Gegenteil von »hoch«. Was steigt, ist noch nicht hoch, sondern noch niedrig. Am Beispiel der Preisentwicklung wird dies deutlich: Steigende Preise sind das Gegenteil von hohen Preisen. Was steigt, ist noch niedrig und erst morgen hoch.

Neben der mangelhaften oder ganz fehlenden Unterscheidung zwischen »statisch« und »dynamisch« ist es eine andere notwendige Differenzierung, die bei der Beschreibung und Beurteilung ökonomischer Phänomene oft vernachlässigt wird. Ich meine den Unterschied zwischen Quantität und Qualität, zwischen Menge und Preis. Es ist dies auch nichts anderes als die Unterscheidung zwischen objektivem Messen und subjektivem Bewerten.

Wenn man diese beiden Betrachtungsweisen miteinander vermengt, beraubt man sich der Grundlage für eine zutreffende Beurteilung sowohl der Zustände als auch der Vorgänge. Jedenfalls ist das häufige

Fehlen dieser Differenzierungen eine zusätzliche Erklärung für die sonst schwerverständliche Tatsache, daß die Verständigung in der ökonomischen Theorie solche Mühe macht, vor allem daß man so alltägliche und scheinbar »selbstverständliche« Dinge wie Geld, Preise, Konjunktur und Inflation so unterschiedlich betrachten und beurteilen kann.

Die theoretischen Betrachtungen zu solchen »Alltagsrätseln« wie Geld, Preise, Konjunktur sind jedenfalls unverzichtbarer Bestandteil dessen, was ich mitteilen will, um auf die weitere Entwicklung einzuwirken. Ich will letzten Endes eine andere Politik, eine neue Politik, die auf soliden und festgefügten theoretischen Fundamenten beruht, anders als die bisherige Politik. Dieses neue theoretische Fundament muß ich beschreiben und verständlich machen. Darum der hohe Anteil Theorie in diesem Buch. Ohne »richtige« Theorie keine gute Praxis. Wenn Sie diesen theoretischen Teil lesen, dann wird die erfreuliche Nebenwirkung eintreten, daß Sie zunehmend Spaß daran bekommen, neu über das scheinbar Alltägliche in der Wirtschaft nachzudenken.

Das Buch wurde ausnahmslos für den interessierten Zeitgenossen geschrieben, und das sind wir alle, ob Wirtschaftsfachmann oder Laie. Alle sollen angesprochen sein, alle sollen diese kritischen Betrachtungen verstehen, sollen sie selbst kritisch aufnehmen und nach Möglichkeit in kritisches Mitdenken umsetzen. Diese Absicht führt allerdings zwangsläufig in ein gewisses Dilemma, das Dilemma der richtigen, der verständlichen Sprache. Das Dilemma läßt sich so beschreiben: »zu kompliziert für den Laien – zu simpel für den Fachmann«. In diesem Konflikt habe ich mich bemüht, der Verständlichkeit für den Laien den Vorzug zu geben. Der Laie ist ja auch mein geborener Bundesgenosse. Er vor allem soll meine Überlegungen verstehen, und er soll nachvollziehen, wie aus unvoreingenommenem Nachdenken ein in sich konsistentes Theoriegebäude entstanden ist, das sich als außerordentlich tragfähig, stabil und verläßlich erweist. Dieses selbstgebastelte Theoriegebäude – bescheiden Bethmanns »Monetäre Ökonomie« genannt – wird täglich getestet durch das Maßnehmen an der erlebten Wirklichkeit, und es hält stand.

Die so gewonnene Sicherheit veranlaßt mich, davon meinen Zeitgenossen zu berichten, sie um Anteilnahme und Mitarbeit zu bitten. Es veranlaßt mich aber natürlich auch, den Dialog mit den Fachleuten, das Gespräch mit der Wissenschaft zu suchen. Auch das wird mit einem solchen Buch versucht, aber ich weiß, mit einem solchen Buch allein komme ich in dieser Hinsicht nicht sehr weit. Die eigentliche Auseinandersetzung mit der Wissenschaft findet nicht mit solchen Büchern statt, sondern im unmittelbaren Dialog, in Korrespondenz und Diskussion. Beides ist mir jedenfalls wichtig: das Verständnis einer großen Leserschaft und die Anerkennung durch die Wissenschaft.

Mit diesem Buch erhoffe ich weitere Fortschritte. So soll es nicht nur gekauft, es soll gelesen und in kritische Teilnahme an einer großen politisch-wissenschaftlichen Auseinandersetzung umgesetzt werden. Es geht schließlich um nicht mehr und nicht weniger als darum, die beste aller denkbaren Wirtschaftsverfassungen, den aufgeklärten Privatkapitalismus, nicht nur zu retten, sondern ihn durch adäquate politische Gestaltung und Beherrschung für alle Menschen zu erhalten und fortzuentwickeln.

Die bisherige Unvollkommenheit und Mangelhaftigkeit der politisch gestalteten kapitalistischen Realität läßt sich tatsächlich auf nur wenige ungelöste Probleme zurückführen. Die ungelösten Probleme stehen zudem in einem engen Verhältnis wechselseitiger Bedingtheit und Abhängigkeit zueinander. Jedes der Probleme hat einen Namen. Es sind Alltagsprobleme, sie betreffen Alltagsphänomene. »Was ist Geld? Wie entstehen Preise?« Das sind Fragen, die nach meinem Dafürhalten weder im Alltag noch in der Wissenschaft bisher schlüssig beantwortet worden sind. Beide Phänomene – Geld und Preise – gehören zur wirtschaftlichen Wirklichkeit, an der wir alle tagtäglich teilnehmen, von der jeder unmittelbar und ununterbrochen betroffen ist. Und doch denken wir darüber zuwenig nach.

Ungeklärt ist auch das größte Rätsel der Marktwirtschaft, die Konjunktur. Das hat mit den ungelösten Problemen um »Geld« und »Preise« auf der einen Seite zu tun. Auf der anderen Seite mit dem fehlenden Wissen über die Wechselbeziehung zwischen dem Geld/den Preisen und der Konjunktur. Oder um es etwas wissenschaftlicher auszudrücken, es geht um das unlösliche Miteinander des Monetären und des Ökonomischen.

Dies scheint zunächst nur eine unbewiesene Behauptung. Was heißt »ungelöst«? Was ist damit gemeint? Damit beschreibe ich eine Realität, die wir alle kennen, weil wir ihr auch ausgeliefert sind und unter ihr zu leiden haben. Diese Realität ist der beklagenswerte und wohl kaum zu bestreitende Zustand, daß bisher weder die »Stabilität des Geldes« noch die »Verstetigung der Konjunktur« gelungen sind. Und das trotz allem Bemühen, trotz allen Anstrengungen, die ohne Zweifel unternommen worden sind. Selbst wenn man der Meinung ist – was ich nicht bin, im Gegenteil –, daß auf diesen zentralen Feldern der privatkapitalistischen Wirtschaftspolitik Fortschritte erzielt wurden, selbst dann wird man zugeben müssen, daß die Inflation und die Konjunktur unbeherrscht geblieben sind.

Nach dieser Vorrede soll nun erst einmal in Stichworten vom weiteren Inhalt dieses Buches berichtet werden, damit der Leser eine Vorstellung davon bekommt, was ihm bei der Lektüre begegnet. Es beginnt mit einer Darstellung und Bewertung des Konzepts einer privatkapitalistischen Wirtschaftsordnung, gemessen an den Maßstäben des Politischen, und dies vor dem Hintergrund der gescheiterten sozialistischen Utopie. Anschließend folgt eine kritische Diagnose des augenblicklichen Zustands des real existierenden Kapitalismus. Diese Diagnose enthält vor allem eingehende Betrachtungen über all die Schwachstellen und bedenklichen Symptome, die als die Folge von eigentlich vermeidbaren Fehlentwicklungen zu sehen sind und die den endgültigen Triumph der Marktwirtschaft verhindern.

Die Schwachstellen und Krisensymptome des real existierenden Kapitalismus werden analysiert, dabei miteinander in Beziehung gebracht und schließlich nach ihren gemeinsamen Ursachen untersucht. Weil bei der Beschreibung der Symptome und ihrer Ursachen unwillkürlich die Frage auftritt, wieso nicht schon längst viel schlimmere Folgen der »Schieflage« eingetreten sind, beschäftigt sich ein wesentlicher Teil der Untersuchung mit der Antwort auf diese Frage.

Im dritten Teil behandle ich eine weitere Problematik: Wie sind all diese Schwächen, wie ist die erschreckende Fehlentwicklung und wie sind das weitgehende Versagen und wie die unverkennbare Ratlosigkeit der Politik zu erklären? Meine Antwort lautet – es ist mein Credo seit

16

nunmehr fast zwanzig Jahren –: Der Politik im Kapitalismus fehlte und fehlt das notwendige theoretische Rüstzeug, um die richtigen Entscheidungen zu treffen, die ihrerseits eine optimale Entwicklung des privatkapitalistischen, des marktwirtschaftlichen Systems gewährleisten würden. Wie geht es aber weiter? Wie steht es um die Zukunft der freien Marktwirtschaft, um die Zukunft des Kapitalismus? Darauf antworte ich unter ganz aktuellem Bezug ebenfalls auf meine Weise. Mit diesen Antworten schließt der Hauptteil des Buches.

Anschließend folgen »Variationen zum Thema« in Gestalt von Aufsätzen, Vorträgen, Briefen und Anzeigen, in denen ich all das immer wieder neu formuliert habe, was mir seit Jahren am Herzen liegt, was aber die Fachwelt, im Gegensatz zu meinem Publikum, sowenig akzeptieren kann und will.

Wer über alltägliche und scheinbar längst vertraute Dinge neu nachdenkt, dabei auch ein wenig querdenkt und wer dann auf diese Weise zu neuen Erkenntnissen kommt, der bleibt lange allein. Da wird man manchmal müde und ist beinahe geneigt, auf gute Freunde zu hören, die immer wieder raten, doch aufzugeben, sich nicht weiter abzurackern, nicht weiter gegen den Strom zu schwimmen. Aber soll ich deshalb aufgeben? Nur weil ich noch nicht gehört, weil ich noch nicht verstanden werde? Und dies, wo ich meiner Sache so sicher bin? Kommt gar nicht in Frage! Die Richtigkeit der Theorie ist ja längst erwiesen, nur erkannt und verstanden ist sie noch nicht. Also weitermachen – unverdrossen.

Zudem gibt es ja auch immer wieder Ermutigung sowohl aus der umfangreichen Korrespondenz als auch in manchem Gespräch, ganz besonders bei Begegnungen mit einzelnen ganz bedeutenden Persönlichkeiten unserer Zeit. Darüber habe ich bis jetzt geschwiegen, und eigentlich wollte ich auch jetzt nicht darüber sprechen. Aber der Verlag war anderer Meinung. Warum also nicht?

Ich muß vorausschicken: Es ist die lautere Wahrheit, was ich über drei Begegnungen berichte, die ich nie vergessen werde und deren Inhalt und Ablauf wohl jedermann verständlich machen, warum ich danach nie aufgeben werde, meine »neue Ökonomie« unter die Leute zu bringen. Es waren drei besondere Begegnungen, drei unvergeßliche Gespräche, die – neben einigen anderen – mein weiteres Tun und Denken bestimmten und mich »durchhalten« ließen. Drei Begegnungen – drei Namen: Friedrich August von Hayek, Karl Popper, Fredmund Malik.

Professor Friedrich August von Hayek, dem Senior der liberalen Ökonomen, durfte ich bereits in den siebziger und Anfang der achtziger Jahre ein paarmal begegnen. Am 12. April 1985 kam es dann zustande, das einzige längere Gespräch unter vier Augen. Zwei Stunden in einem Freiburger Restaurant. Ich war kein Bankier mehr und hatte inzwischen zwei Bücher geschrieben, die »Zinskatastrophe« und den »Verratenen Kapitalismus«. Beide hatte ich Professor von Hayek geschickt. Zaghaft hatte ich angefragt, ob er sich für mich in irgendeiner Weise verwenden könnte. Er ließ es zunächst offen und erschien zu unserem Mittagessen allein mit meinem »Kapitalismus« unter dem Arm.

Wir bestellten ein köstliches badisches Essen und sprachen dann konzentriert nur über meinen »Verratenen Kapitalismus«. Er hatte mein Buch gelesen und mit vielen Randbemerkungen versehen. Was ich deutlich erkennen konnte. Ob sie zustimmend oder ablehnend waren, konnte ich nicht sehen, aber gelesen, kritisch gelesen, hatte er meine Texte. Seine Fragen zeigten dies deutlich genug. Würde er sich öffentlich zu mir äußern? Suchte er nicht Leute, die die liberale Ökonomie fortzuschreiben bereit waren?

Nein, sich öffentlich bekennen zu diesem »Außenseiter«, das wollte er wohl nicht. Er sagte es mehr oder weniger deutlich. Aber nicht aus allgemeiner Besorgnis, eigentlich nur aus zwei ganz bestimmten Gründen, die beide für mich höchst schmeichelhaft waren. Der eine Grund: Ein Bekenntnis zu mir, dem radikalen Monetarismuskritiker, könnte den mühsam hergestellten Frieden in der Weltvereinigung der liberalen Ökonomie, in der Mont-Pèlerin-Gesellschaft, gefährden, den Frieden zwischen ihm und Milton Friedman, dessen Werk ich so rücksichtslos in Zweifel zog. Wenn das keine Anerkennung war! Der zweite Grund war prinzipieller Natur. Er wurde von Hayek auch nicht so deutlich artikuliert, aber ich verstand ihn so. Die Quintessenz seines liberalen Denkens, wie sie auch in seinen letzten Arbeiten zum Ausdruck kommen sollte, war die Überzeugung von dem wunderbaren Wirken der »unsichtbaren Hand« im Marktgeschehen, von der Adam Smith

18

spricht, einem Wirken, das wir gerade *nicht* näher untersuchen sollten. Ich maßte mir nun an, das Wirken der unsichtbaren Hand zu erklären und aufzudecken. Das mochte er nicht zulassen und darum auch gar nicht überprüfen. Das paßte nicht in seine Überzeugung vom letztlich nicht erklärbaren Wunder des Marktes. Auch diesen Einwand sah ich als ungeheures Kompliment für mich.

Das Freiburger Mittagessen war die letzte persönliche Begegnung. Nur einmal noch versuchte ich, den großen alten Herrn brieflich zu erreichen. Als er seinen Vorschlag des konkurrierenden privaten Geldes erneuerte, schrieb ich ihm über sein Sekretariat, daß dieser Vorschlag mir ungeheuer sympathisch sei, er scheine mir aber »überholt«, denn alles Geld sei ohnehin nach meiner Ansicht eine private Schöpfung (und keine Staatsangelegenheit), die sich im Wettbewerb bewähren müsse. Wie dem auch sei, Professor von Hayek hatte mich weitgehend verstanden. Das machte mir Mut. Es machte mich aber auch unglücklich, denn weitere Gespräche mit dem verehrten Lehrer, dessen ordentlicher Schüler ich nie gewesen war, hat es nicht mehr gegeben.

Mit einem anderen großen Denker unserer Zeit hoffe ich das Gespräch fortsetzen zu dürfen. Es wäre wunderbar, Karl Popper wiederzusehen. Aber ich darf nicht zu unbescheiden werden. Ich habe ja mein Gespräch gehabt, eine Begegnung, die zu den großen Erlebnissen in meinem Leben gehört. Und das kam so.

Zum 225jährigen Jubiläum »meiner« Bank, des Bankhauses Gebrüder Bethmann in Frankfurt/Main im Jahre 1973, wollte ich als Chef des Hauses damals Professor Popper als Festredner gewinnen. Ich schrieb einen artigen Brief und erläuterte meinen Wunsch. Er antwortete sehr liebenswürdig und verständnisvoll, sagte aber – im wesentlichen »aus Altersgründen« – ab.

Zehn Jahre später nahm ich, inzwischen als werdender Autor, die Verbindung wieder auf und schickte ihm einiges Material von mir, darunter das Buch »Der verratene Kapitalismus«. Nach einigen höflichen Eingangsbestätigungen seines Sekretariats fand ich eines Tages – es war im Dezember 1987 – einen vierseitigen handgeschriebenen Brief in meiner Post, der mit dem Satz begann: »Ich habe Ihr neues Buch ›Die Deflationsspirale‹ gelesen und viel darüber nachgedacht.« Und das

Schreiben endete so: »Sollten Sie Zeit finden, diesen Brief zu lesen, so würde ich mich sehr freuen, zu hören, ob er Ihre Theorie richtig wiedergibt. Mit schönen Weihnachtsgrüßen, Ihr Karl Popper.«

Und zudem lud er mich ein, ihn in London zu besuchen. Jedermann kann sich meine Gefühle beim Empfang dieses Briefes vorstellen. Die Begegnung fand dann statt. Es wurde ein Gespräch unter vier Augen, wirklich ganz »unter uns«, am 16. Juni 1988 in seinem Haus bei London. Zweieinhalb Stunden war ich allein mit Sir Karl. Es war großartig – und vor allem: Er hörte zu. Am Ende zog ich eine seiner Schriften aus der Tasche. Es war »Das Elend des Historizismus«. Wir standen in seinem Wohnzimmer beieinander. Er nahm das schmale Buch und schrieb im Stehen mit seiner klaren Handschrift in das Buch: »Mit den besten Wünschen für eine neue Theorie, die einer neuen ökonomischen Situation entspricht, von Karl Popper.« Ich reibe mir noch heute die Augen, wenn ich es lese.

Und dann schließlich die genauso wichtige, vor allem aber besonders symptomatische Geschichte mit einem bedeutenden jüngeren Ökonomen von der renommierten Hochschule St. Gallen, mit Professor Fredmund Malik, dem Präsidenten des Management-Zentrums der Hochschule St. Gallen, den ich erst durch den seit Herbst 1986 erscheinenden »Bethmann Brief« kennenlernte. Der Brief war damals noch neu und unbekannt. Mein Vertriebsagent, Thomas Lackmann von der Sokrates Consulenza, damals noch in Campione, schickte mir eines Tages einen Brief, den er als Vertriebsstelle des Briefs von einem gewissen Professor Malik erhalten hatte. In diesem Brief erklärte Professor Malik, er danke für die ersten Lieferungen des »Bethmann Briefs«, aber auf weitere Lieferungen könne er verzichten, denn »er glaube, die Bethmannschen Auffassungen bzw. Theorien zu verstehen«. Als ich das las, war ich deprimiert und alarmiert zugleich. Ich schrieb an Professor Malik direkt. Ergebnis: eine kurze, sehr angenehme Korrespondenz und ein Treffen im Frühjahr 1987 am Flughafen Kloten bei Zürich. Zu meiner größten Verwunderung stellte ich fest, Professor Malik hatte mich tatsächlich voll und ganz verstanden, er teilte meine Auffassung. Ich merkte, ich hatte einen bedeutenden Bundesgenossen gewonnen.

20

Von unserem Gespräch ermutigt, fragte ich im Juni 1987 telefonisch bei Professor Malik an, ob er eventuell bereit sein könnte, für mein neues Büchlein »Die Deflationsspirale« ein Vorwort zu schreiben. Er war sofort – ohne Zögern – bereit. In drei Wochen lag es vor, und was für ein Vorwort! Ich mochte es kaum glauben. Vor allem aber dachte ich, jetzt bald vor dem erhofften »Durchbruch« zu stehen. Von wegen!

Der Durchbruch blieb aus. Das ist nun auch schon wieder fast vier Jahre her. Statt »Durchbruch« passierte folgendes: Im September 1987 wurde die »Deflationsspirale« in einer Pressekonferenz vorgestellt, im Frankfurter Presse-Club. Professor Malik, der Verfasser des Vorworts, war eigens aus St. Gallen angereist. Die Aussprache war lebhaft. Am nächsten Tag konnte man in der »Frankfurter Allgemeinen Zeitung« einen dreispaltigen Bericht lesen – drei Spalten in der FAZ sind ein Fest für jeden Autor –, der mit folgendem Satz begann: »Einen aus der Wissenschaft hat Johann Philipp von Bethmann nun gewonnen . . .«, und so ging es munter weiter. »Und hier beginnt von Bethmanns Leidensweg. Die Wissenschaft nimmt ihn nicht zur Kenntnis, die für Wirtschaftspolitik Verantwortlichen ignorieren ihn. Keiner schreibe über seine Bücher, klagt der Autor mit einer Mischung aus Wehmut und Bittstellerei, niemand setze sich mit seinen Thesen auseinander. Dabei habe er doch die Wahrheit auf seiner Seite.« Wenig rühmlich für die FAZ. Aber so ist es eben. Professor Malik hatte in seinem Vorwort zwar geschrieben: »Angesichts der weitreichenden Aussagen halte ich es für notwendig, daß die Diskussion nicht nur von Wirtschaftsjournalisten und Wirtschaftspolitikern bestritten wird, sondern daß sich die fähigsten Theoretiker und Empiriker mit diesen Argumenten befassen. Diese Diskussion sollte rasch, ernsthaft und gründlich geführt werden. Bis zur eindeutigen Widerlegung der Bethmannschen Theorie halte ich sie für die bessere.« Er hatte aber auch gesagt: »Ich halte dieses Buch für außerordentlich wichtig; wie ich auch die bisher erschienenen Bücher des Autors für wichtig, für interessant und für notwendig halte. Vorweg sei gesagt, daß ich diese Auffassung als Management-Wissenschaftler, als Betriebswirtschaftler, und also nicht als lupenreiner Fachökonom vertrete.« Das war's. Für die Volkswirte ist auch ein Malik offenbar nicht satisfaktionsfähig. Daran ändert auch die Adresse St. Gallen nichts.

Arme Wissenschaft! Arme Volkswirtschaftslehre! Neu nachzudenken täte gut.

Erlauben Sie mir noch ein persönliches Wort am Ende der Einführung: Immer werde ich gefragt, warum ich »das alles« getan habe, warum ich einen herrlichen Beruf und da wiederum die hoch angesehene Position eines Bankiers aufgegeben habe; warum ich statt dessen nur noch als Publizist über Wirtschaft und Wirtschaftspolitik rede und schreibe. Was trieb mich dazu? Was waren und was sind meine Motive?

Die Antwort ist einfach, aber vielleicht doch nicht so leicht nachvollziehbar. Jedenfalls erlebe ich immer wieder und immer noch dieses ungläubige Kopfschütteln, wenn ich davon spreche, wenn ich mich erkläre und wenn ich sage, daß es gut war und daß ich nichts bereue. Es gab und gibt zwei Motive, die miteinander mein Handeln bestimmen. Da ist einmal das politische Engagement, ein Engagement für die Erhaltung und Weiterentwicklung einer freien Gesellschafts- und Wirtschaftsordnung, ein Engagement für die Marktwirtschaft, für den Kapitalismus. Und da ist daneben Neugier, die ungestillte Neugier, die mich antreibt, die Zusammenhänge, die Mechanismen und die Gesetzmäßigkeiten einer freien Wirtschaft zu untersuchen. Das politische Engagement einerseits und diese Neugier, dieses Suchen nach Erkenntnissen über die Gesetze der Ökonomie andererseits, ließen mich schon als Praktiker zu einem an der Theorie interessierten und zu einem kritischen Beobachter der praktischen Wirtschaftspolitik werden.

Aus der Überlegung heraus, daß die praktizierte Wirtschaftspolitik nur so gut sein kann wie die ihr zugrunde liegende Wirtschaftstheorie, erwuchs meine immer größer werdende Sorge um die verheerenden Folgen einer auf fehlerhaften Grundlagen beruhenden, irregeleiteten Wirtschaftspolitik. Diese Sorge bekam im Laufe der Zeit immer neue Nahrung und verdichtete sich zu der kaum mehr zu erschütternden Gewißheit: Die im freien Westen betriebene Wirtschaftspolitik läßt aufgrund ihrer fehlerhaften theoretischen Grundlage die großartig entwickelte Wirtschaft der kapitalistischen Welt auf eine Katastrophe zutreiben. Und dies ausgerechnet jetzt – füge ich hinzu –, wo der Sozialismus als gescheitertes Experiment überwunden zu sein scheint.

Seit vielen Jahren habe ich gewarnt vor den Folgen einer weithin noch unerkannten Fehlentwicklung der kapitalistischen Wirtschaft. Auch in diesem Buch wird gewarnt. Grund zum Warnen besteht unverändert. Der Grund dafür wird neu und umfassend beschrieben in diesem Buch als Antwort auf die Frage, »warum der Kapitalismus noch nicht triumphieren kann«. Diese Frage wird uns noch lange beschäftigen.

1 Vom Ende einer Utopie

Wir erleben in den letzten Jahren, Monaten, Wochen und Tagen eine immer schneller werdende politische Entwicklung in der ganzen Welt, die von einer Dramatik und Dynamik ist wie nur ganz selten in der Weltgeschichte.

Es begann mit Gorbatschow, dem neuen Chef im Kreml, der in klarer Erkenntnis des desolaten Zustands der UdSSR eine irgendwie geartete Reform der Politik und damit eine Reform des Kommunismus in Angriff zu nehmen entschlossen war. Und der mit ungewöhnlicher Energie und Klugheit tatsächlich in ganz kurzer Zeit die notwendige Unterstützung fand für schon radikal zu nennende Veränderungen, die jetzt auch an die Substanz sozialistischer Machtpolitik rühren.

Diese Reformpolitik war zwangsläufig verbunden mit einer Schwächung des Führungsanspruchs der Sowjetunion gegenüber den an Moskau bisher orientierten sozialistischen Ländern. So konnten die revolutionären Bewegungen in den Ostblockstaaten (Polen, ČSFR, Ungarn, Bulgarien, DDR und Rumänien) sich entfalten und sich durchsetzen.

Überall zerbröckelte das, was den realen Sozialismus zusammengehalten hat und was er für seine Existenz unverzichtbar brauchte – die Gewalt (Gewalt nach innen und nach außen). Diese Gewalt, repräsentiert durch Mauer, Polizei und Militär, begann sich rasch aufzuweichen, innerhalb der Staaten und an ihren Grenzen.

»Für Freiheit und für ein Ende des Sozialismus«, dieses Verlangen verbindet alle Revolutionäre in den Ostblockstaaten. Im östlichen Teil Deutschlands, in der ehemaligen DDR, kam noch eine Besonderheit hinzu: der Wunsch nach Vereinigung mit dem demokratischen Deutschland, mit der Bundesrepublik. In Deutschland wurde entschieden, welchem System, welcher Ordnung die Zukunft gehört, der freiheitlichen pluralistischen Demokratie mit privatkapitalistischer Wirtschaftsverfassung oder einem utopischen und in der Realisierung zwangsläufig auf Terror und Gewalt angewiesenen Sozialismus.

Die Völker im Osten Europas und auch die Deutschen im sozialistischen Deutschland haben entschieden. Der Sozialismus wurde abgewählt und vertrieben. Selbst in der Sowjetunion hat die in über siebzig Jahren aufgebaute Allmacht der kommunistischen Staatspartei zu wanken begonnen.

Jetzt stellt sich mit aller Dringlichkeit die Frage, die unser aller Zukunft berührt: Ist der Sozialismus tot? Kann man sagen: »Der Sozialismus ist tot; es lebe der Kapitalismus«? Lebt er wirklich? Hat er gesiegt, endgültig gesiegt?

Der Sozialismus ist gescheitert. Er mußte ja scheitern. Der Kapitalismus könnte jetzt triumphieren. Er könnte sich als Sieger auf der Bühne der Weltpolitik feiern lassen und der Menschheit eine sichere und glückliche Zukunft verheißen. Könnte er.

Doch davon ist wenig zu spüren, und das hat seine Gründe. Der Kapitalismus hat noch lange nicht obsiegt. Im Gegenteil. Er steckt selbst inzwischen in einer schweren Krise. Er kann immer noch scheitern, wenn er weiter so unverstanden bleibt, wenn er weiter politisch so mißhandelt und wenn er gerade auch von seinen Freunden immer wieder so schmählich verraten wird.

Der unvollkommene Sieg des Adam Smith

Ausgerechnet jetzt, wo der Sozialismus verdientermaßen zu Boden geht – ausgerechnet jetzt steckt auch der Kapitalismus in einer schweren Krise. Krise des Kapitalismus – wieso? Es ist die Krise der unbesiegten Inflation, die Krise der maßlosen Überschuldung und der ungesteuerten Konjunktur – eine Krise der wirtschaftspolitischen Ohnmacht. Es ist eine echte »Kapitalismuskrise«. Die eigentliche Bewährung des Systems steht noch aus. Das Überstehen der Krise jetzt und ein solider Neubeginn danach, das erst wird seine Bewährung sein.

26

Der Ausgang ist noch offen, und man darf die Hoffnung nicht aufgeben. Immerhin ist es nicht die erste Krise des Kapitalismus. Es ist aber die schwerste und größte Krise, die der Kapitalismus je durchlebt hat; und die kapitalistische Welt ist nicht gut vorbereitet auf das, was kommt. Sie wird überrascht werden.

Dabei war die ganze Entwicklung vorauszusehen, nicht nur das Ende des Sozialismus, sondern auch die Krise des Kapitalismus. Aus dem Sozialismus konnte ohnehin nichts werden. Er war eine Utopie, eine Utopie von der schlechteren Sorte sogar, nämlich kopflastig, inhuman und darum auch total wirklichkeitsfremd.

Der Sozialismus vergaß, daß der Mensch kein Wesen ist, das völlig uneigennützig in der Gemeinschaft aufgeht. Der Mensch ist vielmehr ein Lebewesen mit persönlichen Wünschen, individuellen Träumen und einer gehörigen Portion Eigennutz. Ein Eigennutz, den der Urvater der Nationalökonomie, Adam Smith, als den eigentlichen Motor jeden Wirtschaftens beschrieb. Insofern könnte die Niederlage des Träumers Karl Marx im Grunde den Sieg des Realisten Adam Smith bedeuten. Der Sozialismus war eine gutgemeinte, aber nicht lebensfähige Idee. Der Sozialismus konnte nur am Leben erhalten werden durch immer wieder faszinierende und damit disziplinierende, aber unerfüllbare Verheißungen und – durch Gewalt. Eigentlich erstaunlich, wie lange der Sozialismus sich überhaupt mancherorts gehalten hat. Es ist schon erschreckend zu sehen, wie geduldig die Menschen auch längeren Freiheitsentzug hinnehmen.

Ganz anders der Kapitalismus. Er ist ein gesundes Kind aus erstklassigem europäischen Elternhaus, mit guten Anlagen, robust und zutiefst menschlich in des Wortes umfassendster Bedeutung, darum auch eigentlich vertraut und umgänglich, ohne Gekünsteltes oder Lebensfremdes. Andererseits ist der Kapitalismus aber auch sensibel, als politische Aufgabe anspruchsvoll und in einem guten Sinne schwer erziehbar. Auch er hat etwas Verführerisches, allerdings mehr für den einzelnen, der seine privaten Chancen nur zu gerne nutzt und dabei Gefahr läuft, bei der Wahrnehmung seiner Möglichkeiten alle Hemmungen zu verlieren. Der Kapitalismus als politisches Ordnungsprinzip will in Freiheit dressiert sein, ein junges Pferd, das von Könnern zugeritten werden muß, scheinbar schwer beherrschbar und doch kein unergründliches gesellschaftliches Rätsel, vor dem die Politik kapitulieren müßte.

Ich bin überzeugt: Dem Kapitalismus gehört die Zukunft. Er ist aber noch grün hinter den Ohren, historisch und politisch jung, obwohl er sich selbst oft älter macht, als er ist. Überhaupt ist es nicht weit her mit seiner Selbstachtung. Der zu den schönsten Hoffnungen berechtigende Kapitalismus leidet unter einer hochgradigen Spaltung des Selbstbewußtseins. Arroganz und Selbstbeweihräucherung kontrastieren mit deutlichen Zeichen von Minderwertigkeitskomplexen, die auch den wahrscheinlichen Sieger im Ring der gesellschaftspolitischen Auseinandersetzung nicht verlassen haben, obwohl der Sozialismus am Boden liegt und gerade ausgezählt wird.

Ganz unbegründet sind Minderwertigkeitskomplexe nie. So hat auch das fehlende Selbstvertrauen der Kapitalisten seine Gründe. Diese Gründe zu erkennen, sie offenzulegen, sie anzugehen und sie weitgehend zu eliminieren, das entscheidet auch über das weitere Leben des Kapitalismus, das bestimmt auch seine Zukunft.

Wir haben Wohlstand, gewiß, einen Wohlstand, von dem Generationen nur träumen konnten. Aber dieser im »Westen« erreichte Wohlstand ist noch nicht bezahlt. Er ist – nicht ausschließlich, aber viel zu sehr – ein Wohlstand auf Pump; und er ist ungleich verteilt. Dies ist darum ein unsolider Wohlstand, ein gefährdeter Wohlstand. Darum ist dies kein voller Erfolg des Kapitalismus und kein Anlaß zum Triumph.

Er könnte es besser, der Kapitalismus. Er hätte das Zeug dazu. Er hat es aber nicht geschafft. Er hat das Ziel nicht erreicht, noch nicht. Das Ziel heißt stabiler Wohlstand für alle, so gerecht wie möglich verteilt, und darum Frieden. Da fehlt noch einiges, bei aller Überlegenheit gegenüber den sozialistischen Versuchen vom geplanten Glück.

Woran liegt das? Warum noch kein Sieg, noch kein Triumph? Gibt es Gründe, gibt es einen Hauptgrund? Ja, den gibt es. Die Siegesfeier für den Kapitalismus muß verschoben werden, weil der Kapitalismus nicht gesund ist. Er hat eine Krankheit, die wir alle kennen oder, besser, zu kennen glauben. Es ist die einzige, wirklich schlimme Seuche, die eine Wirtschaft befallen kann. Die Krankheit heißt Inflation, und diese Krankheit Inflation ist bis heute unbesiegt. Die ganze Weltwirtschaft ist von ihr befallen, dort mehr, hier weniger, trotzdem überall. Die Inflation ist wie eine Seuche, die man vergeblich bekämpft, weil man sie noch nicht genügend erforscht hat. Sie ist resistent und bleibt virulent, sie bleibt unbesiegt.

Diese Feststellung zu erklären und diese Erklärung zu begründen ist die Absicht dieses Buches. Alle Kapitel befassen sich direkt oder indirekt mit dem verdorbenen Kapitalismus und mit der unbezwungenen Inflation. Ich behaupte: Aller Welt – Fachwelt und Laien – ist nicht bekannt, was Inflation eigentlich ist und wie und wodurch sie entsteht. Ohne Kenntnis des Erregers kann man keine Seuche bekämpfen.

Wie aber ist so etwas überhaupt möglich in unserem aufgeklärten Jahrhundert? Die Inflation steht doch Tag für Tag am Pranger. Selbst heimliche Freunde hat sie kaum mehr, und die ehemals sozialistischen heutigen Jungkapitalisten haben sie bei ihren ersten marktwirtschaftlichen Versuchen schon gleich als schlimmsten Schädling der freien Wirtschaft ausgemacht. Diese allgemeine Verdammung der Inflation und alle seit Jahren von verdienten Experten gemachten Anstrengungen im Kampf gegen diese Seuche sollen wirkungslos gewesen sein, weil die Ursache der Krankheit noch nicht entdeckt worden ist? Eine kühne und anmaßende Behauptung. Ich gebe es zu, aber ich kann sie beweisen, und das geschieht in diesem Buch. Die Erklärung für meine Behauptung will ich auch gleich kurz andeuten. Sie ist womöglich noch viel kühner und noch anmaßender als die Kritik an der erfolglosen Inflationsbekämpfung selbst.

Für mich gibt es seit langem keinen Zweifel daran, daß das fehlende Wissen von Ursache, Wesen und Charakter der Inflation darauf zurückzuführen ist, daß zwei der wichtigsten Elemente der Wirtschaft beziehungsweise zwei der zentralen Phänomene im Wirtschaftsprozeß noch unerkannt, weil ungenügend erforscht geblieben sind: die Phänomene »Geld« und »Preise«. Mit »unerkannt« meine ich das Fehlen einer präzisen und zutreffenden Vorstellung vom Entstehen und Vergehen und von Wesen und Charakter dieser Phänomene. Vor allem also das Fehlen der richtigen Antworten auf die Frage, wie und wodurch neues Geld und wie und wann neue Preise entstehen, und zwar heute, in der entwickelten Wirtschaft unserer Tage.

Dieses beklagenswerte Nichtwissen von der Geldschöpfung und von der Preisbildung ist relativ leicht zu erkennen bei Überprüfung der Politik, die Einfluß zu nehmen versucht auf diese Phänomene, die Stabilitätspolitik. Unkorrekte und irrige Vorstellungen vom Wesen des Geldes und vom Prozeß der Preisbildung führen zu einem schweren Handicap für die Meisterung der wichtigsten in der Marktwirtschaft gestellten Aufgabe; ich meine die Konjunkturpolitik. Das hohe Ziel der Konjunkturpolitik muß sein: die Verstetigung der Konjunktur selbst und die Stabilisierung des Geldes. Beides kann nicht gelingen, wenn und solange die »Geld«- und die »Preis«-Frage nicht gelöst werden.

Der Kapitalismus hat erst dann gesiegt und kann erst dann triumphieren, wenn die Verstetigung der Konjunktur und die Stabilerhaltung des Geldes endlich gelungen sind. Ohne eine verläßliche ökonomische Theorie geht das nicht. Der Kapitalismus kann nicht triumphieren, solange dieses Defizit besteht.

Sozialismus und Kapitalismus auf dem Prüfstand

Jedes politische Konzept und jedes politische System muß sich daran messen lassen, wie gut und wie effizient es die unverzichtbaren Ziele einer guten, dem Menschen dienenden Politik zu verwirklichen vermag.

Diese unverzichtbaren Hauptziele humaner Politik sind in meinen Augen die folgenden:

- ein Optimum an Freiheit für jeden einzelnen Menschen,
- ein Optimum an Gerechtigkeit für jeden,
- ein Mindestmaß an Geborgenheit für die Menschen.

Mit der Verwirklichung dieser Hauptziele wird auch die Voraussetzung geschaffen, die eigentliche Daueraufgabe aller Politik zu erfüllen – die Erhaltung des Friedens.

Auf dem Prüfstand einer solchen politischen Bewertung stehen seit langem – und heute ganz aktuell – Sozialismus und Kapitalismus. Nach der Überwindung verschiedener nationaler sozialistischer Regime in jüngster Zeit scheint der Sozialismus als System endgültig gescheitert zu sein und der Kapitalismus obsiegt zu haben.

Der Sozialismus ist jedoch erst dann endgültig besiegt und der Kapitalismus erst dann unangefochten etabliert, wenn für jedermann verständlich nachgewiesen werden kann, daß mit Sozialismus eine im beschriebenen Sinne gute und humane Politik aus im System liegenden Gründen – unvermeidliche Machtkonzentration und unkontrollierte Korruption – nie und nimmer zu verwirklichen ist. Und wenn zugleich bewiesen wird, daß hingegen der Kapitalismus konkurrenzlos die besten Voraussetzungen für die Verwirklichung einer solchen humanen, friedenstiftenden Politik mitbringt. Der notwendige, für jedermann verständliche Nachweis muß vor allem auch theoretisch argumentativ erbracht werden, weil weder das vielfältig erlebte praktische Scheitern des realen Sozialismus noch die unübersehbaren, objektiven Erfolge des realen Kapitalismus allein als eine nur empirische Beweisführung genügen.

Im schon längst ausgebrochenen Endkampf zwischen beiden Wirtschaftsordnungen erweist sich nun für die erfolgreiche Anerkennung und Durchsetzung des Kapitalismus eine unübersehbare »Theorieschwäche« als bedenkliches Handicap. Die Kapitalismustheorie (Markttheorie) als Ganzes ist nur unvollkommen entwickelt. Die gefährlichsten Schwachstellen des theoretischen Modells sind ausgerechnet die Geldtheorie, die Preistheorie und die Konjunkturtheorie. Daraus erklären sich auch die gröbsten Mängel und Fehlentwicklungen im real existierenden Kapitalismus: die unbesiegte Inflation und die Unberechenbarkeit der Konjunktur.

Für eilige Leser, vor allem aber für alle Politiker und Staatsmänner, die den Kurs der Weltwirtschaft bestimmen und die ohnehin keine Zeit zum Lesen haben, sei an dieser Stelle zunächst einmal in Stichworten zusammengefaßt, worauf es nach Meinung des Autors bei der Weiterentwicklung und Ausgestaltung der Weltwirtschaft in Zukunft ankommt: Ich nenne die unverzichtbaren Elemente, ohne die keine privatkapitalistische Marktwirtschaft Bestand haben kann.

Der Leser mag sich ein eigenes Urteil darüber bilden, wie nah oder wie fern wir heute der Erfüllung dieser unverzichtbaren Bedingungen sind:

1. Zu wissen, daß die privatkapitalistisch konzipierte Wirtschaft grundsätzlich jeder anderen denkbaren Wirtschaftsordnung überlegen ist. Nicht weil sie so »erfolgreich« ist, sondern weil sie dem Wesen des Menschen am vollkommensten entspricht.
2. Zu wissen, daß die privatkapitalistisch konzipierte Wirtschaft ihre Überlegenheit aber nur beweisen kann, wenn eine dem System adäquate »richtige« Politik betrieben wird.
3. Diese »richtige« Politik hat für die Erhaltung folgender unverzichtbaren Elemente zu sorgen:

- verläßlich stabiles (und überall in der Welt gültiges) Geld,
- die Erhaltung der Dominanz der privaten Eigentümerinteressen in allen Märkten,
- ein funktionierender Wettbewerb zwischen diesen privaten Eigentümerinteressen, das heißt Verhinderung jeder Marktbeherrschung durch irgendeinen einzelnen Marktteilnehmer, ob öffentlich oder privat,
- bewußte und verläßliche Steuerung des Wirtschaftsprozesses durch monetäre Signalgebung in Gestalt von Zinsniveauverstetigung (Stabilität des realen Wachstums durch stabilisierte Zinstrenderwartung auf niedrigem, innerhalb der Produktivitätsrate liegendem Niveau) als wirksame und verläßliche Konjunkturpolitik,
- demokratisch legitimierte, kompetente und wirksame Aufsicht und Kontrolle des Marktgeschehens, vor allem im Geld- und Kapitalmarkt zur Verhinderung von Exzessen und Mißbräuchen; dies in Ergänzung zur Pflege und Förderung einer allgemein verbindlichen Wirtschaftsethik,
- politischer und rechtlicher Schutz des ökologisch bestimmten Gemeinwohlinteresses,
- ergänzende Sozialpolitik als Solidarbeitrag der Gemeinschaft zur Begrenzung der Lebensrisiken für alle im allgemeinen Wettbewerb Benachteiligten.

Nur die optimale Erfüllung dieses privatkapitalistisch konzipierten politischen Gesamtprogramms ermöglicht eine prosperierende und friedliche Zukunft der menschlichen Gesellschaft in Freiheit, Gerechtigkeit und Geborgenheit.

2 Krisensymptome

Die unbesiegte Inflation

Die Inflation ist die Geißel der Wirtschaft. Diese Erkenntnis hat sich inzwischen durchgesetzt. Geldwertstabilität wird überall angestrebt. Erfolgreiche Stabilitätspolitik gilt als höchstes Ziel und als unverzichtbare Voraussetzung für Bewährung und Erfolg der Marktwirtschaft, ja des privatkapitalistischen Systems überhaupt.

Das Ernstnehmen des Inflationsphänomens hat auch zu der Erkenntnis geführt, daß die damit gestellte Aufgabe, die Geldentwertung zu bekämpfen, noch immer nicht gelöst wurde. Trotz aller Teilerfolge müssen gerade die Befürworter und Verfechter einer freien privatkapitalistischen Wirtschaft eingestehen: Die Inflation ist noch immer unbesiegt. Der Wirtschaftspolitik in den Ländern der freien Welt ist vieles gelungen. Die Erfolge der Marktwirtschaft und ihre segensreichen Wirkungen für alle Menschen sind unübersehbar. Aber Entscheidendes fehlt: die Werterhaltung des Geschaffenen. Die unbesiegte Inflation nagt am Erreichten. Die Inflation knabbert am errungenen »Wohlstand für Alle« (Ludwig Erhard) und vereitelt den Triumph des freien Systems.

Ich behaupte, die Inflation wurde mit falschen Mitteln bekämpft, und der Grund dafür ist darin zu sehen, daß das ganze Phänomen der Inflation letzten Endes im wesentlichen unverstanden geblieben ist. Dafür gibt es zwei Erklärungen. Einmal begreift man unter Inflation nicht das Ganze des Phänomens. Man meint damit nur die unmittelbar spürbaren und sichtbaren Teile des Inflationsphänomens. So bleiben dazugehörige Ursachen und Auswirkungen gewissermaßen außen vor. Sie bleiben unerkannt und unerwähnt und werden darum auch von der Stabilitätspolitik nicht erfaßt. Zum anderen wird der eigentliche Charakter des ökonomisch-monetären Phänomens Inflation nicht richtig gesehen, er wird verkannt, er wird mißverstanden. Das führt dazu, daß die versuchte »Bekämpfung« der Inflation ihr Ziel verfehlt. Das ausschlaggebende Mißverständnis ist darin zu sehen, daß die Inflation irrtümlich als ein quantitatives Problem angesehen und verstanden wird, nicht als ein qualitatives, was sie nämlich ausschließlich ist. Dieser Irrtum ist leider schon deswegen so fest zementiert, weil das Wort Inflation selbst scheinbar auf Volumina, auf Größen und Massen, hinweist. So mußte sich ganz unreflektiert die Vorstellung verbreiten, die Inflation entstünde durch »zuviel Geld«, sie sei selbst ein Mengenphänomen und sie sei durch Mengen, durch zu große Mengen, verursacht und darum auch nur durch mengenorientierte Maßnahmen unter Kontrolle zu bringen. Hier liegt die eigentliche Ursache für das Versagen der überall mehr oder weniger intensiv betriebenen Stabilitätspolitik.

Die Inflation hat in Wirklichkeit primär nichts mit Mengen zu tun. Die Inflation ist ein Qualitätsphänomen. Sie ist damit auch ein Qualitätsproblem. Qualitätsprobleme sind Bewertungsprobleme, Qualifizierungsprobleme, also Preisprobleme. Diese Wahrheit kommt zum Glück ganz deutlich zum Ausdruck in den anderen Begriffen, die wir in diesem Zusammenhang verwenden, den Begriffen der »Geldentwertung« und der »Geldwertstabilität«. Diese Termini weisen in die richtige Richtung. Es geht um Bewertungsprobleme, es geht um Werterhaltung, um Verhinderung von Abwertung. Alle Bewertungen in der Wirtschaft erfolgen über Preise, vollziehen sich in der Preisbildung. Darum muß Stabilitätspolitik sich konsequenterweise um den Prozeß der Preisbildung kümmern. Das aber ist deshalb so besonders schwierig, weil auch der Prozeß der Preisbildung in der Wirtschaft noch weitgehend unerforscht geblieben ist. Jedenfalls wird er nicht »durchschaut«. Wie dem auch sei, viel wäre schon gewonnen, wenn sich die Erkenntnis durchsetzte, daß die inflationäre Geldentwertung als qualitatives Phänomen, als ein Bewertungsvorgang, etwas mit der tatsächlichen Preisbildung in der Wirtschaft zu tun hat. Auf diese Preisbildung müßte also bei der Inflationsbekämpfung Einfluß genommen werden.

Ein weiteres Mißverständnis, das eine erfolgreiche Stabilitätspolitik zu-

36

mindest erschwert, ist die fehlende beziehungsweise die häufig unterlassene Unterscheidung zwischen einer dynamischen und einer statischen Betrachtungsweise. Das heißt konkret in diesem Zusammenhang, es wird nicht unterschieden zwischen dem inflationären Prozeß einerseits und einem inflationären Zustand andererseits. Wenn man nicht zutreffend beschreiben kann, wie, wann und wodurch – in welchem Prozeß also – Inflation entsteht, zugleich aber auch nicht transparent machen kann, woraus – statisch betrachtet – ein inflationärer Zustand besteht, dann muß die Behandlung der Inflationskrankheit auf halbem Wege steckenbleiben. Anamnese, Diagnose und Therapie der Inflation müssen in ihrer logischen Verknüpfung zusammenpassen. Ohne dies bleibt eine solche »Krankheit« unbesiegt.

Hier sei angemerkt, daß die Inflation ein qualitatives Phänomen, also ein Bewertungsproblem bleibt, egal, ob man den dynamischen Prozeß betrachtet oder den inflationären Zustand, der aus dem inflationären Prozeß hervorgeht. In jedem Fall spielt nicht die Menge, sondern es spielen Bewertungs-, also Preisfragen die entscheidende Rolle.

Das sollte eigentlich ohne weiteres einsehbar sein, wenn man nur den Vorgang, den Prozeß der Inflation vor Augen hat, und dies ist ja auch die übliche Betrachtungsweise. Jedermann versteht unter Inflation den Vorgang, der aus einer Preisniveausteigerung beziehungsweise aus dem Kaufkraftschwund des Geldes besteht. Dies ist ganz eindeutig eine sowohl dynamische als auch eine qualitative Betrachtungsweise. In dieser Optik kommen »Mengen« zunächst überhaupt nicht vor. Mit Recht, denn Preisniveauänderungen haben mit Mengen und ihren Vereinbarungen überhaupt nichts zu tun. Die Preisbildung ist keine Mengenfrage. Das Gesetz von Angebot und Nachfrage ist nämlich kein Mengengesetz, so unglaubhaft dies klingen mag. Zumindest darf es nicht als ein Mengengesetz mißverstanden werden. Diese Behauptung wird vielleicht verständlicher, wenn man sich vor Augen hält, daß alle Preisbildung sich nicht in einer anonymen Umsetzung von Gütermengen und Leistungsvolumina vollzieht, sondern in einzelnen, ganz individuellen Kaufakten, an denen jeweils nur zwei Partner beteiligt sind. Wenn nur eine Aktie am Tag zu einem »neuen« Kurs ge- und verkauft wird, verändert sich das ganze Kursniveau dieser Aktie. Wenn aber tausend Aktien zum gestrigen Kurs den oder die Besitzer wechseln, bleibt das Kursniveau unverändert. Es sind die Käufer und Verkäufer, die durch ihr Handeln die Preise verändern, niemand sonst. Das ist Marktwirtschaft. Nicht die umgesetzten Mengen verändern die Preise, sondern die individuellen Preisentscheidungen der vielen oder wenigen Käufer und Verkäufer. Das ist die Autonomie der Preisbildung, ein Wesenselement der Marktwirtschaft und darum auch ein kostbares Gut.

Die Inflation als Prozeß ist Übernachfrage, die zur Überproduktion von Schulden und Geld führt. Dabei ist die Überproduktion von Schulden das eigentliche Problem. Wiederum keine Quantitätsfrage.

Weder gibt es »zuviel Geld« noch »zuviel Schulden«. Was es aber geben kann, ist »zuviel schlechte Schulden«. Das ist die eigentliche schlimme Inflationsfolge.

Die Preisinflation ist nur das Fieber der Krankheit. Schlechtes Geld gibt es nur, wenn es schlechte Schulden gibt. Nur die Gläubiger können schlechtes Geld, schlechte Forderungen »vernichten«. Die Umschuldung als Zustand heißt unterlassene Streichung von uneinbringlichen Forderungen. Überschuldung ist dann prekär, wenn die globale Überschuldung aus zu vielen großen einzelnen unbereinigten Überschuldungen besteht.

So ist die Lage heute. Allein im Dollar müßten insgesamt 1000 Milliarden uneinbringlich gewordener Forderungen »ausgebucht« werden, was in allzu vielen Fällen zur Vernichtung des Gläubigers führen würde. Wie es dazu kam? Wie entsteht Übernachfrage? Übernachfrage ist ein konjunkturelles Phänomen. Die Konjunktur besteht aus der relativen Nachfrageintensität. Was bewirkt das Auf und Ab in der Nachfrageintensität? Was bewirkt die Konjunkturschwankungen? Die Frage scheint ungeklärt.

Diese Frage muß geklärt werden, wenn man die Motivation der Nachfrager untersucht. Was beeinflußt die Nachfrage? Ist es nur der sehr fragwürdige und indifferente Begriff des Bedarfs? Oder ist es gar die unterschiedliche Ausstattung mit Geld? Letzteres wird von den Monetaristen angenommen. Großer Irrtum! Selbst in der alten Armutsgesellschaft hat die Geldausstattung nicht die ausschlaggebende Rolle gespielt. Die Nachfrage hat sowieso nichts unmittelbar mit Geld zu tun. Geld ist »Zahlungsmittel« und nicht »Kaufmittel«.

Die Bedürfnisse mit wachsenden Ansprüchen beeinflussen die Nachfrage, erklären aber nicht die Schwankungen. Die Schwankungen beruhen auf schwankenden Preiserwartungen. Ursache der wechselnden Nachfrageintensität sind Wechsel in der vorherrschenden Preistrenderwartung und nichts sonst.

Schlußfolgerung für die Politik: Geldmengensteuerung ist unsinnig und gefährlich. Konjunkturpolitik machen heißt Einfluß nehmen auf die Preis- beziehungsweise Zinstrenderwartung. Inflationäre Preistrenderwartung nach oben führt zur Übernachfrage und damit zur Überproduktion von Geld und Schulden und schließlich zur Überschuldung. Geldverknappungspolitik hat immer die Preistrenderwartung nach oben zusätzlich bestärkt und damit prozyklisch den inflationären Prozeß noch gefördert. Geldverknappungspolitik führte zwangsläufig zur größten Geld- und Schuldenexplosion aller Zeiten. Zuviel Geld oder zuviel Schulden kann man nicht »einsammeln«. Die Beseitigung des »Zuviel« erzwingt entweder die Verzichtopfer der Gläubiger oder/und die Abwertung allen Geldes, die schleichende Währungsreform als Tagesinflation.

Inflation als Prozeß ist Preisniveausteigerung. Weil jede Preisveränderung in Autonomie von den kaufenden und verkaufenden Marktteilnehmern »gemacht« wird, gilt darum der Satz: Die Marktteilnehmer machen die Inflation. Inflationsbekämpfende Stabilitätspolitik hat es also mit den Marktteilnehmern zu tun, mit den potentiellen Verkäufern und Käufern, mit niemand sonst. Stabilitätspolitik muß Einfluß zu nehmen versuchen auf ebendiese Marktteilnehmer. Verläßlich und berechenbar geht das aber auch nur mit »qualitativer« Politik, das heißt konkret mit versuchter Einwirkung auf die Preiserwartungen der Marktteilnehmer. Praktisch heißt das dann Einwirkung auf die Zinserwartungen.

Jetzt aber noch ein Wort zum inflationären Zustand, zu dem also, was der inflationäre Prozeß anrichtet, was er hervorbringt. Dieser Zustand ist in der Tat richtig beschrieben mit »zuviel Geld«. Das ist aber nicht präzise genug. Präziser ist die Kennzeichnung »zuviel schlechtes Geld«.

Die Inflation kommt bestimmt nicht von der »Menge«, aber Inflation bringt zu große Mengen hervor, zu große Mengen an immer schlechter werdenden Schulden. Schlechte Schulden aber sind die Kehrseite von schlechtem Geld. Das Resultat des inflationären Prozesses ist also ein »Zuviel« an Geld, an minderwertigem Geld. Dies ist aber wieder ein qualitatives Phänomen. Der durch den inflationären Prozeß entstehende Zustand (statische Betrachtung) besteht darin, daß zuviel schlechte, weil uneinbringlich gewordene Schulden entstanden sind. Das ist dann die Überschuldung der Wirtschaft, der Zustand, in dem sich die Weltwirtschaft heute befindet. Das ist die statisch betrachtete Inflation. Die Überschuldung ist somit die Folge des dynamischen Prozesses, der einerseits zur Entwertung allen Geldes und andererseits zur Entstehung von zuviel »schlechtem« Geld führt. Letzteres hat nichts mit der »Kaufkraft« zu tun. Es hat zu tun mit der Bonität der einzelnen Schuldner. Alle Geldansprüche, die vom jeweiligen Schuldner nicht mehr erfüllt werden können, sind, einzeln betrachtet, schlechtes Geld. Das kommt daher, daß zu viele Schuldner sich im inflationären Prozeß »übernommen« haben. Das ist Folge der Inflation, nicht ihre Ursache.

Die vereinzelte, aber überhandnehmende Geldverschlechterung, die »Überschuldung« in der Wirtschaft, ist leider das noch viel größere Problem, das uns die Inflation beschert, weil dieser Zustand irreversibel ist. Unbezahlbare Schulden sind verlorene Forderungen. Die Überschuldung ist gar nicht mehr Gegenstand der Stabilitätspolitik: Die Überschuldung ist ein Problem für die ganze Wirtschaftspolitik. Die Größe des Problems bemißt sich nach der Leistungs- und Leidensfähigkeit der betroffenen Gläubiger, also der Besitzer der unbezahlbar gewordenen Geldansprüche.

Überschuldung hat nur insofern noch etwas mit Stabilitätspolitik zu tun, als sie spät und lange danach den Beweis dafür liefert, daß der Prozeß der Inflation nicht rechtzeitig aufgehalten wurde. Stabilitätspolitik ist nur dann wirklich erfolgreich, wenn sie den inflationären Prozeß durch rechtzeitige Einflußnahme auf die Marktteilnehmer verhindert und damit den späteren Zustand der Überschuldung gar nicht erst entstehen läßt. Ist er einmal entstanden, kommt jede »Stabilitätspolitik« zu spät.

Deflation folgt Inflation

Etwas anderes muß uns noch beunruhigen: Auf Inflation folgt Deflation. Diese Aussage ist richtig und irreführend zugleich. Sie ist richtig, weil die Deflation eine zwangsläufige, eine logische und damit notwendige Folge jeder Inflation ist, weil die Deflation auch im zeitlichen (historischen) Ablauf folgt, also immer »danach« kommt.

Irreführend ist die Aussage insofern, als damit die Vorstellung einer »Ablösung« der Inflation durch Deflation erweckt wird. Eine solche Sichtweise, »heute noch Inflation, morgen schon Deflation«, also heute das eine und morgen das andere in Reinkultur, ist unzutreffend. In Wirklichkeit ist immer beides gleichzeitig vorhanden, in jeder Konjunkturlage. Worauf es bei der richtigen Einschätzung der jeweiligen Konjunktursituation ankommt, ist, zu erkennen, welches Kräfteverhältnis zwischen inflationären und deflationären Prozessen jeweils gegeben ist, welche Strömung jeweils überwiegt, die inflationäre oder die deflationäre. Erkennbar ist dieser aus Strömung und Gegenströmung bestehende Prozeß und das in ihm jeweils enthaltene Kräfteverhältnis an dem in Erscheinung tretenden Phänomen inflationärer oder deflationärer Natur und Herkunft – und zwar nach Häufigkeit und Intensität. Die konjunkturelle Lage erfährt ihre Prägung dadurch, ob die inflationäre oder die deflationäre Strömung überwiegt. Es handelt sich immer um Vorherrschaft, praktisch nie um Alleinherrschaft. Das gleichzeitige Vorhandensein von Inflation und Deflation und damit auch der dazugehörigen Phänomene erschwert natürlich die Beobachtung und die Beurteilung. Andererseits macht es erst das Wissen um die praktisch immer gegebene Gleichzeitigkeit möglich, durch richtige Interpretation, Bewertung und Gewichtung der konjunkturellen Phänomene ein zutreffendes Urteil über die konjunkturelle Hauptströmung zu gewinnen.

Welches sind die wesentlichen Phänomene im Wirtschaftsablauf, und welches ist ihre richtige Zuordnung zu den konjunkturellen Hauptströmungen Inflation und Deflation?

Zur Inflation gehören alle Preissteigerungen in welchen Märkten auch immer: also das Steigen von Preisen für Güter und Leistungen und das Steigen der Mietpreise für geliehenes Geld, das Steigen der Zinsen. Dem steht als weiteres Phänomen der Inflation nur eine einzige Art von Preisverfall (sinkende Preise) gegenüber, das Sinken der Preise/Kurse für Geldkapital und Geldvermögen, also für reine Geldanlagen in der eigenen Währung (für uns also DM-Abwertung). Außerdem gehören zu den inflationären Phänomenen, allerdings mehr als Sekundärerscheinung: alle Steigerungen von Umsatz, Produktion, Verkauf und Beschäftigung.

Zur Deflation gehören: alle Preisrückgänge für Güter und Leistungen jeder Art, dazu jeder Rückgang der Zinsen für geliehenes Geld und Geldkapital. Entsprechend gehören zur Deflation natürlich steigende Preise/Kurse für Geld und Geldkapital selbst, auch für die eigene Währung (für uns also DM-Aufwertung). Ferner alle Rückgänge von Produktion und Verkauf, von Umsatz und Beschäftigung.

Wenn das Gesagte richtig ist, dann läßt sich aufgrund dieser Erkenntnis aus den täglichen Informationen über die Wirtschaft, genauer über die neuesten wirtschaftlichen Daten – vorausgesetzt, sie sind einigermaßen zuverlässig –, ein Urteil bilden über die gegenwärtige konjunkturelle Hauptströmung als Resultat des Miteinander und Gegeneinander inflationärer und deflationärer Einzelerscheinungen.

Beispiel: Wir erfahren an einem x-beliebigen Tag, daß

- die Ölpreise fallen,
- der US-Dollar anzieht,
- die Konsumentenpreise stabil sind,
- der Autoverkauf wieder zunimmt,
- der Export insgesamt rückläufig ist,
- die Rentenkurse steigen.

Das ist Inflation und Deflation gemischt. An einem einzigen Tag ist natürlich die Hauptströmung nicht zu erkennen, nicht auszumachen, was vorherrscht. Erst im Verlauf mehrerer Tage und Wochen wird alles deutlicher. Dann erst kann man wissen, welcher Konjunkturtrend vorherrscht.

Mein Resümee in Sachen Inflation: Wir sind sie noch lange nicht los, und der von ihr angerichtete Schaden ist unermeßlich groß. Es bleibt heute noch viel zu tun. Das Abtragen des Berges schlechter Schulden ist die eine Sache. Die Beendigung des inflationären Prozesses die andere. Letzteres ist die einfachere Aufgabe. Die Lösung heißt: Abbau der viel zu hohen Zinsen und Verstetigung der Zinsen auf niedrigem Niveau. Wenn dies geschieht, dann werden die Marktteilnehmer sich entsprechend verhalten. Wie gesagt, Inflation ist ein Qualitätsphänomen, eine Frage der Bewertung und der Preisbildung. Die Marktteilnehmer entscheiden in diesem Zusammenhang autonom, aber sie handeln bestimmt von ihren eigenen Interessen. Wenn die Zinsen fallen und wenn sie nicht mehr steigen, verlieren die Marktteilnehmer jedes Interesse an steigenden Preisen. Sie, die Marktteilnehmer, sorgen dann durch ihr Handeln für das Erwünschte, die Stabilität des Preisniveaus.

Die Geldschwemme

»Zuviel« Geld sei die Ursache der Inflation, sagen die Monetaristen, sagen die Zentralbanken, sagt alle Welt. Wer so denkt, der möchte Geld knapphalten. Knapphalten des Geldes, Beschränkung der »Geldversorgung« (»money supply«), das sind darum auch die Parolen der Geldpolitik seit zwanzig Jahren, seitdem der Monetarismus zum Katechismus der Geldpolitik wurde. Die Folge? Die Folge ist eindeutig, und sie ist erschütternd: Wir erleben seit zwei Jahrzehnten die größte Geldvermehrung aller Zeiten, und dies als die zwangsläufige Folge der immer wieder – natürlich vergeblich – versuchten »Geldverknappung«.
Wir wissen nicht, wieviel Geld überhaupt existiert. Wir wissen aber sehr wohl, daß ständig zuviel Geld neu entsteht. Wir wissen außerdem, daß Unsummen von Geld jeden Tag und Stunde für Stunde den Besitzer wechseln und rund um die Welt vagabundieren. An den amerikanischen Märkten sind es inzwischen 200 bis 300 Milliarden Dollar täglich, an den europäischen Märkten immerhin inzwischen Tag für Tag 100 bis 150 Milliarden Dollar. Was ist das für Geld? Es sind »Guthaben«. Es sind Dollarguthaben, Dollaransprüche, die die Verkäufer auf interessierte Käufer übertragen wollen. Guthaben gegenüber amerikanischen Schuldnern, Guthaben bei amerikanischen Banken letzten Endes. Es

mögen Guthaben bei ausländischen Banken sein, aber im Grunde ist der Endgläubiger jedes Dollarbetrages in der Welt ein amerikanischer Schuldner, eine US-Bank, die entsprechende Dollarkonten führt. Alle Dollarguthaben in der Welt entstehen aber da, wo neue Guthaben und Schulden in allen Währungen entstehen, irgendwo im Markt durch einzelne Vertragsabschlüsse zwischen jeweils einem Gläubiger und einem Schuldner.

Am allerwenigsten entsteht neues Geld bei den Zentralbanken. Neues Geld entsteht in den Banken und zwischen den Banken, das allermeiste aber entsteht – und das wird völlig übersehen – außerhalb der Banken im normalen Geschäftsverkehr zwischen Lieferant und Kunde, zwischen Verkäufer und Käufer.

Was ist normaler Geschäftsverkehr? Dies ist ein Geschäftsverkehr innerhalb eines normalen, nichtinflationären Wachstums der Wirtschaft. Was darüber hinausgeht, wirkt inflationär. Inflationär ist dann auch die Geld- und Schuldenproduktion jenseits des normalen Geschäfts. In inflationären Zeiten der Übernachfrage wuchern Geld und Schulden, und überall entstehen Brutstätten der unsoliden Geld- und Schuldenvermehrung. Ein Beispiel sind die großen Firmenübernahmen mit Vermögensaufwertung und riesiger Neuverschuldung (»Leveraged Buyouts«). Hier wurde Hunderten von Milliarden neuer Schulden und neuer Kredite zum Leben verholfen. Viel Schrott war dabei von vornherein. Aber Schrott wird auch gekauft, darum wird Schrott auch gehandelt.

Nun kann niemand wissen, wieviel Schrott in den riesigen Umsätzen steckt, die täglich abgewickelt werden. Man weiß es ja auch nur dann, wenn man einen Schrottitel in Händen hat, etwa einen Junk Bond. Wenn man 60 Prozent dafür gezahlt hat, dann weiß man, daß er nicht »voll gedeckt« ist, daß die Rückzahlung zweifelhaft ist. Aber auch zweifelhafte Forderungen sind Forderungen, sind Geld, ja, auch der ungedeckte Scheck ist ein Scheck und ist Geld. Unter den umlaufenden Geldern heute sind viel zu viele ungedeckte Schecks. Wie lange soll das noch gutgehen?

Wie ist dieses viele Geld, das gute und das schlechte, entstanden? Es konnte sich in diesem riesigen Ausmaß nur vermehren, weil eine völlig falsche und vor allem eine verführerische Geldpolitik betrieben wurde. Es konnte nur entstehen, weil man Geld knapphalten wollte und weil man in dieser Absicht die Zinsen hoch und höher getrieben hat. Und weil man auf diese Weise die Verschuldungsbereitschaft der Wirtschaftsteilnehmer in einem inflatorischen Rausch hat grenzenlos werden lassen. 200 bis 300 Milliarden Dollar Junk Bonds, Hunderte von Dollarmilliarden an Immobilienkrediten der Sparbanken, über zwei Milliarden Dollar Kredite an einen Hochseilartisten wie Mr. Trump – sie alle wären nicht entstanden, wenn die untaugliche und gefährliche Geldverknappungspolitik nicht die Geldschöpfung und Geldvermehrung in noch nie dagewesener Weise angeheizt und verstärkt hätte. So entstanden die Schuldenberge in der Welt – vor unseren Augen.

Aber niemand regt sich mehr auf. Das ist vielleicht gut so. Es ist aber dann nicht gut, wenn auch die Politiker und die für die Haltbarkeit des Finanzsystems Verantwortlichen sich nicht echauffieren. Es ist schon so: Die Weltfinanzen sind eine Ansammlung von Kartenhäusern, von Dollarkartenhäusern, geworden. Die Kartenhäuser hat man zwar durch »Manipulation« stabilisiert, aber eine kräftige Bö kann sie schnell hinwegfegen. Inzwischen soll das Volumen der von den amerikanischen Großbanken gewährten Kredite für Übernahmefinanzierungen schon größer sein als alle vielbesprochenen und ständig umgeschuldeten Lateinamerikakredite zusammen. Wenn das wahr ist – o weh!

Auch das englische Pfund bietet uns ein Lehrbeispiel dafür, wie man eine Währung nicht verwalten und behandeln soll. Mit nichts kann man eine Währung schneller ruinieren und eine Inflation wirkungsvoller entfachen als mit ständig steigenden Zinsen. Einmal habe ich dem britischen Schatzkanzler deswegen ein Telegramm geschickt. Aber viel ausrichten oder gar gutmachen kann man ohnehin nicht. Der Weg von 14 oder 16 Prozent Zinsen nach unten wird zur Katastrophe. Wir brauchen gar nicht so sehr zu bedauern, daß Mrs. Thatcher sich dem vereinten Europa gegenüber so geziert hat.

Im übrigen spricht alles dafür – wie ich es vorgeschlagen habe –, schon jetzt eine neue europäische Währung neben den bestehenden Währungen einzuführen, und zwar ohne eigene supranationale Zentralbank, die absolut entbehrlich ist. Doch dazu später mehr.

Wenn man die wirtschaftliche Verfassung der westlichen Welt so kritisch sieht, dann bekommt man leicht den Ruf des defätistischen Miesmachers. Die für mich ganz klare Erkenntnis, daß die freie Weltwirtschaft aus dem Ruder gelaufen und auf einen ganz falschen Kurs geraten ist, bleibt natürlich besonders bedrückend angesichts des spektakulären Verfalls der kommunistisch-sozialistischen Welt. Wie gelassen und überlegen könnten wir an diesem historischen Prozeß teilhaben und taktvoll ratend und helfend mitwirken in der Zusammenarbeit für eine bessere gemeinsame Zukunft. Wären wir doch stärker, gesünder, kräftiger und wirklich in der Lage, ein nachahmenswertes Beispiel erfolgreicher Wirtschafts- und Gesellschaftspolitik zu geben! Wir sind es bedauerlicherweise nicht. Die Finanzen der freien Welt sind verwahrlost, die Weltwirtschaft ist überschuldet. Wir müssen selbst zum Vergleichsrichter. Konkurs dort, Vergleich hier, das ist die Realität.

Das Wesen der Schulden

Schulden sind gegebene Zahlungsversprechen. Schulden bilden Verpflichtungen, Geld zurückzuzahlen. Schulden sind immer Gegenstand eines Vertrages zwischen zwei Wirtschaftsteilnehmern. Schulden sind also Ergebnisse einer »privaten« Absprache zwischen zwei Partnern. Die Partner eines Schuldverhältnisses heißen Schuldner und Gläubiger. Der Verpflichtung des Schuldners entspricht jeweils ein Anspruch des Gläubigers, ein Anspruch auf Geld, auf »Zahlung« mit Geld, nur mit Geld und nur in einer bestimmten Währung.
Alle Schulden haben eine eigene Fälligkeit, einen Rückzahlungstermin. Die Fälligkeit ändert nichts an dem Grundcharakter einer Schuld als eines nur vom Gläubiger aufhebbaren Zahlungsversprechens. Für den Schuldner ist seine Schuld unaufhebbar. Jeder Schuld steht gegenüber eine Forderung, ein Zahlungsanspruch. Der Gläubiger fungiert als der persönliche Inhaber des Zahlungsanspruchs. Jeder Zahlungsanspruch ist prinzipiell an Dritte übertragbar. Darüber befindet allein der Gläubiger. Der Zahlungsanspruch des Gläubigers, die Forderung, ist das Spiegelbild der Schuld. Die andere Seite derselben Medaille. Schuld und

Forderung entstehen zugleich in einem Akt, durch einen Vertragsabschluß zwischen Schuldner und Gläubiger. Jede Schuld hat als Geldschuld einen ausgemachten festen Geldpreis. Sie lautet über einen bestimmten Geldbetrag. Der Preis der Schuld bleibt – ohne neue Vereinbarung – unverändert gültig für beide Vertragspartner. Damit behält die Schuld für den Schuldner immer den gleichen Wert, den negativen Wert in Höhe des ausgehandelten Geldbetrages.

Der Gläubiger ist an den ausgehandelten Preis seiner Forderung nicht gebunden, nur im Verhältnis zu seinem Schuldner. Da gilt der ausgehandelte Preis als Höchstpreis. Auf mehr hat der Gläubiger keinen Anspruch. Es steht ihm frei, weniger an Zahlung zu verlangen. Genauso wie es ihm freisteht, auf die ganze Zahlung zu verzichten, womit die ganze Forderung und die zu ihr gehörende Schuld erlöschen und damit auch zu existieren aufhören würde. Jedes bestehende Schuld-Forderungs-Verhältnis bedarf zum Entstehen der Zustimmung des Schuldners. Auf den Zuschlag des Schuldners kommt es an. Er entscheidet allein und für sich. Er ist der eigentliche »Schöpfer« des neuen Schuldverhältnisses. Kein Gläubiger kann allein entscheiden, allein einen solchen Zahlungsanspruch hervorbringen. Der Gläubiger bedarf immer der Zustimmung eines Schuldners. Dafür kann er allein, und nur er, eine bestehende Schuld durch Erlaß teilweise oder ganz aus der Welt schaffen. Der Erlaß durch den Gläubiger bedeutet immer einen Verzicht, den Verzicht auf den Anspruch. Dieser Verzicht erfolgt freiwillig, wenn keine Zahlung mehr erbracht ist, er erfolgt zwingend, wenn die beanspruchte Zahlung ordnungsgemäß nach Währung und Höhe geleistet ist.

Weil jede Geldforderung, jeder Anspruch auf Zahlung in Geld, grundsätzlich auf einen Dritten übertragen werden kann, muß man davon ausgehen, daß alle bestehenden Zahlungsansprüche grundsätzlich wie Geld als Zahlungsmittel eingesetzt werden können. Daraus ergibt sich, daß jeder Zahlungsanspruch Geldcharakter hat, also als gewissermaßen »privates« Geld angesehen werden muß, als Geld, mit dem man bestehende Zahlungsansprüche erfüllen kann, als Geld, mit dem man bezahlen kann. Aus alledem läßt sich die Schlußfolgerung ableiten, daß jede bestehende Geldforderung, jeder existierende Zahlungsanspruch, als

Geld zu betrachten ist. Und zwar unabhängig davon, ob jeder dieser Zahlungsansprüche tatsächlich als Geldzahlung angenommen wird oder würde. Kurz gesagt: Alle bestehenden Zahlungsansprüche müssen als Geld gesehen werden, ganz unabhängig von ihrer praktischen Verwendbarkeit. Alle Geldforderungen sind Geld, zumindest potentielles Geld, jedenfalls die Urform von Geld.

Diese These findet ihre Bestätigung, wenn man von der anderen Seite an die Frage des Geldes herangeht, wenn man untersucht, woraus all das Geld besteht, das wir üblicherweise als Geld betrachten und das wir als Geld zur Bezahlung unserer Schulden verwenden. Was haben die vielfältigen Erscheinungsformen des Zahlungsmittels Geld gemein, worin sind sie alle gleich? Konkret gefragt: Gibt es einen gemeinsamen Nenner, eine innere Übereinstimmung zwischen dem Hundertmarkschein, dem Scheck, dem Wechsel, der Überweisung, der Kreditkartenziehung und sogar dem Fünfmarkstück? Ja, es gibt diese Übereinstimmung, dieses Gemeinsame. Alle diese Geldarten sind verschiedene Ausformungen eines Forderungsverhältnisses, eines bestehenden Zahlungsanspruchs. Jeder Geldbetrag besteht aus einem solchen Zahlungsanspruch. Der Gläubiger des Forderungs-Schuld-Verhältnisses ist immer der Geldbesitzer. Wenn er zahlt, tritt er seine Forderung an einen anderen, neuen Gläubiger ab.

Jeder Geldbetrag hat aber auch seinen Schuldner. Wer dieser Schuldner ist, ist von Geldart zu Geldart verschieden. Bei Scheck und Überweisung ist es eine Bank oder Sparkasse, also ein Kreditinstitut, bei einem Wechsel ein privater Geschäftspartner, beim Bargeld – ob Schein oder Münze – ist es der Staat oder die Bank des Staates, die Zentralbank. Alles Geld ist jeweils ein Zahlungsanspruch (Anspruch auf Geld) aus einem Schuldverhältnis. Alles Geld ist Kredit. Alle Kredite sind Geld in der Hand der Kreditgeber, der Gläubiger.

Weil das so ist und weil Geld und Kredit, Schuld und Forderung immer die zwei Seiten ein und derselben Sache sind – die beiden Enden eines Kreditverhältnisses bilden –, darum ergibt sich die unbestreitbare Tatsache, daß es genausoviel Geld in der Welt gibt wie Schulden. Die Summe allen Geldes ist gleich der Summe aller Schulden.

Summen sind Mengen. Summen und Mengen sagen nichts aus über

Werte, über Bewertungen, über Preise. Der Preis der Schulden – für den Schuldner – wurde schon erwähnt. Wie aber steht es um den Wert eines Geldanspruchs für den Gläubiger, für den Inhaber der Forderung, für den Geldbesitzer?

Das ist kompliziert. Darauf gibt es mehr als nur eine Antwort. Eine Geldforderung hat nicht weniger als drei Preise. Sie kann tatsächlich nach dreierlei Maß bewertet werden. Da ist zunächst einmal der Kaufkraftwert des repräsentierten Geldbetrags. Wieviel könnte man sich für die Summe Geldes (in der betreffenden Währung) kaufen? Dann kommt die Bewertung der Geldsumme in einer anderen Währung nach dem gerade gültigen Wechselkurs. Eine DM-Forderung muß sich unter Umständen eine stark wechselnde Bewertung in anderen Währungen, etwa Schweizer Franken oder US-Dollar, gefallen lassen. Damit nicht genug. Schließlich hat jeder Zahlungsanspruch, jede einzelne Geldforderung, auch nur so viel Wert, in welchem Umfang der Schuldner bereit und in der Lage ist, seiner Zahlungsverpflichtung nachzukommen. Die schönste Forderung ist wertlos, muß also vom Gläubiger abgeschrieben werden, wenn der Schuldner keine müde Mark besitzt. Der Wert jeder Forderung hängt also auch ab von der Bonität des Schuldners. Diese These ist richtig. Sie beschreibt aber aufs Ganze gesehen graue Theorie, da in den meisten Fällen die Bonität eines einzelnen Geldschuldners überhaupt nicht bekannt ist, sondern ohne Prüfung als zweifelsfrei angenommen wird. Wer fragt schon danach, ob ein Scheck gedeckt, oder gar, ob die Bank des Scheckausstellers solvent und zahlungsfähig ist? Es ist in der Regel nur der Geldbesitzer selbst, der eine Vorstellung davon haben kann, wie gut und solide eine Forderung in jedem Einzelfall ist. Darum hält man sich ja auch an den Gläubiger, wenn Zweifel aufkommen, ob der Schuldner wirklich sein Geld wert ist, wie es mit seiner Bonität bestellt ist. Und in all den Fällen, wo die Identität des Verpflichteten, des Geldschuldners, allen Beteiligten bekannt ist, wird bei Übertragung des Geldanspruchs ein spezieller, ein individueller Kurs, möglicherweise unter pari, ausgehandelt, der die beschränkte Zahlungsfähigkeit des Zahlungsverpflichteten zum Ausdruck bringt. Aktuelles Beispiel sind die mit mehr oder weniger großen Abschlägen gehandelten Schuldtitel, die aus kritischen und dubiosen

Bereichen stammen, etwa aus den Ländern der Dritten Welt und aus dem Markt hochverzinslicher Schrottanleihen. Nun, sagt doch jeder, faule Schulden hat es zu allen Zeiten gegeben. Einverstanden! Es fragt sich nur, wie viele!

Die Überschuldung

Die Wirklichkeit sieht heute schlimm aus: Die Binnenmärkte und die Weltwirtschaft werden nicht von Schulden heimgesucht, nein, an ihnen haftet die Geißel der Überschuldung. So erwarten Fachleute für Deutschland 1991 ein neues Haushaltsdefizit von 3,6 Prozent des Bruttosozialproduktes, nur Italien, Belgien und die Niederlande werden sich stärker verschulden. Außerdem kommt den Deutschen die lang ersehnte Vereinigung teuer zu stehen: Experten der Bayerischen Hypotheken- und Wechselbank vermuten, daß das »gesamtdeutsche« Staatsdefizit 1991 auf 80 Milliarden DM ansteigen wird. Japan steht dagegen noch gut da: Für 1991 erwartet man sogar noch einen Überschuß von 3,3 Prozent. So die »Wirtschaftswoche« im August 1990.
Doch was kennzeichnet eine solche »Überschuldung« im einzelnen? Die Überschuldung ist ein ökonomisch-monetärer Zustand, der nicht mehr »heilbar« ist, sondern nur durch radikale Maßnahmen aufgehoben und beseitigt werden kann. Die Überschuldung ist ganz eindeutig die Folge einer konjunkturellen Fehlentwicklung, die als solche nicht rechtzeitig erkannt und darum nicht rechtzeitig verhindert worden ist. Die Fehlentwicklung ist darin zu sehen, daß über einen längeren Zeitraum der Prozeß der Schuldenneubildung und der damit verbundenen Geldschöpfung über ein an der Produktivitätsrate orientiertes Maß hinausgeht. Es herrscht dann zu lange Übernachfrage mit der Folge, daß zu viele Schuldner sich mit zu hohen Schulden »übernommen« haben. Obwohl man in diesem Zusammenhang von »zuviel« sprechen muß, handelt es sich bei Überkonjunktur, Übernachfrage und daraus sich ergebender Überschuldung nicht um quantitative Probleme. Ein rein mengenmäßiges »Zuviel« gibt es in der Makroökonomie nicht. In dem Wort »zuviel« steckt ja immer auch eine Bewertung, eine Bemessung.

Überschuldung in der Gesamtwirtschaft heißt darum nicht eine zu große Menge an Schulden, ein objektiv zu großes Volumen davon, es bedeutet vielmehr ein unangemessenes Volumen, ein nach bestimmten Kriterien zu bewertendes Übermaß. Dieses Kriterium heißt im Falle von Überschuldung »Zahlungsfähigkeit der Schuldner«, und zwar die individuelle Zahlungsfähigkeit einzelner Schuldner. Alle Schulden beruhen auf individuellen Verträgen zwischen jeweils einem Schuldner und einem Gläubiger. Der Gläubiger ist bei der Bewertung seiner Forderung auf seinen Schuldner und dessen Zahlungsfähigkeit angewiesen. Die »Qualität« jeder Schuld wird bestimmt von der Bonität des jeweiligen Schuldners. Jede Schuld ist nur in dem Maße »gut«, wie der Schuldner fähig ist, sie durch Bezahlung zu tilgen.

Der Umfang der Schulden in der Welt heute, die von dem jeweiligen Schuldner nicht mehr in der ausgemachten Währung zurückgezahlt werden können, hat ein noch nie dagewesenes absolutes und relatives Volumen angenommen. Mit relativem Volumen sind die Proportionen in der weltweiten Gesamtverschuldung gemeint.

Niemand kennt das vollständige Volumen der Gesamtverschuldung in allen bestehenden Währungen. Es ist zu vermuten, daß es zwischen 20 und 30 Billionen US-Dollar beträgt. Der Anteil des »Unbezahlbaren« daran liegt sicher schon zwischen 5 und 10 Prozent, also bei 1 bis 3 Billionen Dollar. Das ist mit Sicherheit »zuviel«, und es ist auf alle Fälle historisch ein unrühmlicher Rekord. Trotzdem: Auch diese riesige Summe, auf die ja von den Gläubigern Verzicht geleistet werden muß, braucht so lange nicht zu erschrecken und könnte unter gewissen Bedingungen auch ohne Erschütterung abgebaut werden, wenn die jeweils dazugehörenden individuellen Gläubiger der notleidenden Schuldverhältnisse die notwendigen Verzichte lebend überstehen könnten. Das eigentliche Problem einer Überschuldung besteht darin, daß zu viele Einzelschulden so groß geworden sind, daß ihre Uneinbringlichkeit die Existenz des jeweiligen Gläubigers in Frage stellt. Wenn die notwendigen Verzichte die Reserven der Gläubiger übersteigen, wird es gefährlich. In all diesen Fällen muß man von schon verlorenen Forderungen sprechen. Wir sind damit am Kern des heutigen Überschuldungsproblems.

Das Problem besitzt aber noch eine weitere Dimension. Diese bezeichne ich als den Domino-Effekt. Überall da, wo der Schuldenverzicht über die Kapitalkraft des Gläubigers hinausgeht, wird dieser selbst zu einem dubiosen Schuldner mit der Folge, daß wieder andere, dritte Gläubiger indirekt von der Überschuldung betroffen werden und sich ihrerseits zu Verzichten gezwungen sehen. Was daraus folgt, ist dann der eigentliche Überschuldungs-Crash, der einmal kommen muß.

Hier gilt es festzuhalten, daß die geschilderte »Überschuldung« auch ganz eindeutig eine Folge konjunktureller Fehlsteuerung ist. Sie ist die Folge von Übernachfrage, die in vielen Fällen zur individuellen Überschuldung führen mußte. Die konjunkturelle Fehlsteuerung bestand darin, daß man übersehen hat, welche Wirkung hohe und steigende Zinsen auf die Verschuldungsbereitschaft der Wirtschaftsteilnehmer ausüben.

Ist die Überschuldung auch ein Symptom der Kapitalismuskrise, ein Symptom dieser durch Fehlsteuerung hervorgerufenen Krise? Ja, mit Sicherheit ja.

Überschuldung endet mit Crash. Der Crash besteht weniger aus dem Konkurs der Schuldner, er besteht im wesentlichen aus dem anschließenden Konkurs vieler Gläubiger. Der Crash wird auch nicht aus nur einem, er wird aus mehreren Teil-Crashs, aus wiederholten Kurs- und Preisstürzen, bestehen.

Haben wir solche Teil-Crashs schon gehabt? Gibt es Einzelsymptome der schon eingetretenen, aber noch nicht bereinigten Überschuldung? Natürlich gibt es sie, und sie haben ständig zugenommen. Der Bereinigungsprozeß, der ja unverzichtbar ist, hat längst begonnen. Es genügt, Adressen zu nennen, die Schlagzeilen gemacht haben: ob AEG, ob Neue Heimat, Continental Illinois und Drexel Burnham, Campeau, Bond, Trump und viele andere. Es ist alles noch einmal gutgegangen – bisher. Die Gläubiger haben noch einmal überlebt. Die großen Kartenhäuser der faulen Schulden haben gehalten. Aber wie lange noch?

Konkret lautet die Frage: Wie lange noch lassen sich alle die Geldbesitzer in Sicherheit wiegen, deren Schuldner auch hoch gefährdet sind, weil sie ihrerseits zu viele faule Forderungen im Bestand haben? Die

Frage kann auch heißen: Wie lange noch können zum Beispiel große Banken öffentlich erklären, daß sie va banque spielten, als sie völlig überbewertete Vermögen beliehen? (So geschehen im Falle des New Yorker Immobilien-Tycoon Donald Trump.) Die genannten Namen sind Beispiele für viele andere, die wir nicht kennen. Sie sind nur die Spitze eines Eisbergs, der bekanntlich siebenmal größer ist als das, was man über Wasser sieht.

Die Überschuldung der Dritten Welt hat ein Ausmaß erreicht, das jedes Verständnis sprengt. Nach Angaben der OECD stehen die Entwicklungsländer mit 1322 Milliarden Dollar in der Kreide. So der Wert von 1989, Tendenz steigend. Der Kapitalrückfluß betrug im gleichen Jahr mickrige 40 Milliarden Dollar. Braucht es da noch eines weiteren Beweises für die Uneinbringlichkeit der Schulden?

Mit der Überschuldung ist der Kapitalismus in eine Sackgasse geraten. Er kann nur sehr ramponiert und gelähmt aus dieser Sackgasse herauskommen. Jedenfalls muß dann aber nach der Beseitigung der faulen Schulden in der Welt neu begonnen werden, mit neuem Geld und mit einer neuen Geldpolitik.

Die Stabilität des ganzen Systems hängt von der Stabilität und Tragfähigkeit der großen Kreditgläubiger in der Welt ab. Das sind in erster Linie die Banken. Reichen ihre Kapitalausstattung und ihre Reserven aus, um die schon längst überfälligen Verzichte auf riesige Bestände an unbezahlbar gewordenen Forderungen ohne Staatshilfe zu überleben? Ich hege begründete Zweifel. Ich weiß, es ist ungehörig, diese Frage zu stellen. Man muß sie aber stellen. Es ist die Existenzfrage des kapitalistischen Systems. Vor allem ist es die richtig gestellte Frage, die ständig im Schatten der anderen, nicht richtig gestellten Frage nach der amerikanischen Verschuldung steht. Die US-Wirtschaft hat sich doch nicht als Schuldner übernommen. Sie hat sich als Gläubiger übernommen. Hunderte von US-Dollar-Milliarden, die Amerika ausgeliehen hat, als Kredite vergeben hat, werden nie mehr zurückgezahlt. Sie stehen aber noch kaum geschmälert in den Büchern. Amerika ist immer noch ein starker Schuldner, aber ein geschwächter Gläubiger. So sieht es aus in Wirklichkeit.

Die politisch Verantwortlichen, vor allem die Geldpolitiker, haben die

Schuldenproblematik immer wieder heruntergespielt. Und riesige Haushalts- und Außenhandelsdefizite – bei Lichte besehen nichts anderes als Verschuldung – zugelassen. Vermeintliche Preisstabilität war wichtiger als Geld- und Schuldenstabilität. Ein erschreckendes Beispiel für viele: Der Berater des ehemaligen US-Präsidenten Ronald Reagan, der Wirtschaftswissenschaftler Robert Ortner, versteigt sich in seinem kürzlich erschienenen Buch »Voodoo Deficits – Why Reaganomics worked« zu der abenteuerlichen Behauptung: »Die Zahlen zeigen, daß die Probleme der Defizite und Verschuldung reichlich übertrieben werden, im Grunde genommen sind das eigentlich gar keine Probleme.« Vielen Amerikanern jedoch ist der Ernst der Lage bewußt. Mitleidslos legen sie den Finger in die Wunden und sind auch in der Wortwahl nicht zimperlich.

»Die meisten Leute denken auch heute noch, daß das FED (die Zentralbank) trotz der von ihr zugelassenen oder gar betriebenen immer größeren Geldvermehrung in den letzten drei Jahrzehnten gute Arbeit geleistet hat. Kommentatoren haben das FED als erfolgreichen Bekämpfer der Inflation gepriesen. – Das ist Unsinn.« (. . .) »Gleichzeitig ist die Staatsverschuldung gestiegen, was auch inflationär ist.« (. . .) »Rasches Schuldenwachstum ist inflationär. Normales Schuldenwachstum bedeutet stabile oder gar leicht fallende Preise. Schuldenliquidation aber ist hochgradig deflationär.« (. . .) »Die Dollarschulden sind viel mehr explodiert als die Schulden in anderen großen Währungen.« (. . .) »Es kann eigentlich nicht mehr lange dauern, bis die Produktionspreise und die Verbraucherpreise tatsächlich zu fallen beginnen. Wenn das eintritt, wird die Bedienung der Schulden, die heute schon schwierig genug ist, immer schwieriger werden, so daß Schuldenliquidierung und Deflation sich beschleunigen. Und das Schlimmste steht uns noch bevor. Das Finanzsystem der ganzen Welt ist in gefährlichem Ungleichgewicht. Unsicherheit breitet sich aus. Märkte lieben keine Unsicherheit.« (. . .) »Vertrauen schwindet dahin.« (. . .) »Ich sehe uns ganz eindeutig auf dem Weg in ein viel größeres Desaster als in den dreißiger Jahren.« (. . .) »Die kommende Depression wird viel schlimmer werden.«

Diese Sätze stammen nicht aus einem Vortrag von mir. Es könnten aber meine Worte sein. Das Zitierte entnehme ich einem Vortrag, den ein amerikanischer Exbanker vor einiger Zeit im »New York Stock Exchange Luncheon Club« gehalten hat.

Ich muß nicht ausdrücklich erklären, daß ich in der Sorge, vor allem in der Begründung der Sorge, mit dem Redner völlig übereinstimme. Der New Yorker Banker ist aber auch »drüben« keineswegs allein mit dieser Meinung. Im Gegenteil. Die Teilnehmer einer Tagung, an der ich teilnahm und bei der etwa zwanzig hochkarätige Vorträge von Praktikern und Wissenschaftlern gehalten wurden, klagten alle miteinander in mehr als deutlichen Worten über die weltpolitische, vor allem über die weltwirtschaftspolitische Misere und kritisierten die verfehlte Politik, die dahin geführt hat. Dabei wird unter Amerikanern etwas härter und rücksichtsloser argumentiert, als wir das hierzulande gewohnt sind. Unter den Tagungsteilnehmern kam ich mir, als der einzige europäische Gast, mit meiner ähnlich kritischen Einstellung darum wie ein sanfter Homöopath unter schneidenden Chirurgen vor.

Bei alledem geht es nicht um Meinungen, Ansichten oder gar nur um Stimmungen, es geht um die kritische Beurteilung der Lage und der praktizierten Politik, die zu dieser Lage geführt hat. In dieser Beurteilung stimme ich mit meinen amerikanischen Freunden völlig überein. Das Hauptproblem ist die Überschuldung, die aus langjähriger Inflation resultiert und die ohne Einsturz der Schuldentürme nicht rückgängig gemacht werden kann. Die weltweite Geldvermehrung bedeutet einen ständigen Qualitätsverlust des Geldes, dies alles ist mit Abstand am schlimmsten im Dollar.

In der Tat ist der Dollar am meisten überschuldet, ausgerechnet die Weltwährung Nr. 1. Demgegenüber ist die DM in einer guten Position. Und trotzdem. Auch bei uns bestehen noch »Abschreibungsreserven« von zig Milliarden. Im übrigen sind wir Dollargläubiger, und wir sitzen alle in einem Boot. Wenn es leckschlägt . . .

Im September 1989 erschien von mir folgende Anzeige in der FAZ:

»Die ganze Weltwirtschaft ist wie coop. Verschachtelt – überschuldet – konkursreif – und weiter am Tropf der Banken.«

Das ist mehr als ein Vergleich. Das ist der Hinweis auf die Wesensidentität zweier ökonomischer Komplexe; coop ist Bestandteil der Weltwirtschaft, ein Stück von dieser, und darum sind sie beide gleich. Die Weltwirtschaft besteht inzwischen aus Tausenden von leider viel zu großen coops, die mit ihrer eigenen Überschuldung zur Überschuldung der ganzen Weltwirtschaft beitragen. Die Überschuldung des Ganzen besteht aus der Überschuldung der Teile.

Jede Überschuldung kann nur durch Streichen von Schulden behoben werden. Wie das im Einzelfall geschieht – ob vorzeitig freiwillig mit Abwendung des Konkurses oder nachträglich unfreiwillig im Konkurs selbst –, ist im Prinzip egal. Beides ist »Bereinigung« durch partielle Geldvernichtung.

Der vorzeitige freiwillige Verzicht – wie auch »in letzter Minute« bei coop – beschränkt allerdings die Bereinigung auf die Bankforderungen und verhindert – was ja auch gewollt ist – eine weiter um sich greifende »Bereinigung«, die dem Konkurs des überschuldeten Unternehmens zwangsläufig folgen würde. Maß und Umfang der notwendigen Bereinigung durch Bankkreditverzicht wird in all diesen Fällen ausschließlich von den Gläubigerbanken bestimmt, das heißt auch von deren Leistungs-, besser Opferfähigkeit. Wieviel kann die einzelne Bank ertragen, ohne selbst in Schwierigkeiten zu kommen? Diese Frage stellte sich bis jetzt noch nicht bei den auch noch so großen Einzelfällen. Sie wird sich aber in aller Schärfe stellen, wenn sich die »Einzelfälle« häufen. Sie werden sich häufen, weil Überschuldungen von großen Unternehmen nicht mehr nur Einzelfälle sind. Allzuoft hängen schon seit langem die überschuldeten Unternehmen »am Tropf« der Banken. Die Banken entscheiden so über das Weiterleben des überschuldeten Unternehmens, und selbst wenn die Banken durch Kreditverzicht das Überleben ermöglichen, bleiben die »geretteten« Unternehmen am Tropf der Banken. Das heißt natürlich, daß die Existenz der überschuldeten Unternehmen von der Lebensfähigkeit und der Belastbarkeit der lebenspendenden Banken abhängt, vorher und nachher.

Das bedeutet aber auch aufs Ganze gesehen: Die Stabilität der Weltfinanzen ist abhängig von der Solvenz der Banken. Kein beruhigender Gedanke.

Es kommt hinzu, daß zu dem Abbau der ganzen Überschuldung in der Weltwirtschaft insgesamt doch viel mehr Kreditverzicht erforderlich ist, als nur die Kreditverzichte der Banken ausmachen. Das heißt, das wirkliche Ende der globalen Überschuldung kann nur aus einer Großserie von Pleiten bestehen. Nur in Pleiten wird das ganze schlechte Geld, werden alle faulen Forderungen vernichtet. Und nur die große Geldvernichtung kann die Weltwirtschaft schließlich retten.

Die Überschuldung ist heute schon wieder viel schlimmer als vor den Börsen-Crashs von 1987, 1989 und 1990, die alle drei nur Teilbereinigungen waren. Immer dringender wird die Frage: Warum hält der babylonische Schuldenturm noch immer, obwohl seine Statik immer fragwürdiger wird? Dies ist die schlechthin unbeantwortbare Frage nach dem »Wann?« Wann platzt die Seifenblase? Wann bricht der Damm? Wann löst sich die Lawine? – Unbeantwortbar. Auf eine etwas andere, weil rückwärts gewandte Frage muß es aber eine Antwort geben, auf die Frage nämlich: »Warum bisher noch nicht?« Warum hat der Turm, warum hat das Kartenhaus bisher gehalten?

Darauf gibt es eine Antwort. Sie lautet: weil die große Masse der Gläubiger in aller Welt noch ruhig geblieben ist, weil alle diese Gläubiger in ihrer überwältigenden Mehrzahl keine Zweifel an der Erfüllbarkeit all der vielen von ihnen gehaltenen Forderungen und Zahlungsansprüche haben aufkommen lassen. Hinzu kommt, daß bisher alle hier und da aufkommenden Zweifel verdrängt werden konnten durch den beruhigenden Gedanken, daß schlimmstenfalls »ein anderer« – in der Regel der Staat in irgendeiner Gestalt – eintreten und bezahlen wird.

Mit anderen Worten: Der Schuldenturm steht, weil alle Schulden als gut und sicher angesehen werden. Das heißt natürlich auch: Der Schuldenturm steht auch nur so lange, wie alle Schulden – auch die windigsten – noch als gut und sicher oder gesichert angesehen werden, von den jeweiligen Gläubigern wohlgemerkt. Damit ist auch wieder die Frage des »Wann?« angesprochen. Wann bröckelt das Vertrauen der Gläubiger, der Anleger, der Sparer? Auch diese zentrale Frage bleibt unbeantwortbar.

Warum hält eigentlich das Vertrauen der Gläubiger überhaupt schon so lange, und dies sogar wider besseres Wissen? Von Vertrauen wider besseres Wissen kann man doch wohl sprechen, wenn fragwürdige »Schrottanleihen« mit abenteuerlicher Verzinsung zum Nominalwert gehandelt werden, wenn in aller Öffentlichkeit von gewaltigen »Schieflagen« bei großen Firmen berichtet wird. Warum hält das Vertrauen? Meine Antworten:

- weil der Staat hie und da »eingetreten« ist,
- weil die Schuldnerbonität kein Thema mehr ist,
- weil nicht sein kann, was nicht sein darf,
- weil die Verschuldungsexperten, nämlich die Kreditwirtschaft, keine Orientierung mehr gibt, weil die Unterschiede zwischen seriös und unseriös, zwischen solide und unsolide bis zur Unkenntlichkeit verwischt worden sind.

Die Blindheit und Vertrauensseligkeit der Gläubiger ist schon erstaunlich, vor allem wenn man bedenkt, daß viele Daten des inflationären Schuldenwildwuchses ja bekannt sind. Jeden Tag lesen wir von neuer Schuldenmacherei in Milliardenhöhe, und Zwischenberichte seriöser Institutionen, wie etwa der Bank für Internationalen Zahlungsausgleich (BIZ) in Basel, sprechen eine deutliche, eigentlich unüberhörbare Sprache.

Die gesamten internationalen Forderungen der Geschäftsbanken der westlichen Welt schnellten danach zum Beispiel im ersten Quartal 1989 um fast 300 Milliarden Dollar in die Höhe, was einer Jahreszuwachsrate von 24 Prozent entsprach. Und die öffentlichen Finanzen? Überschuldung allenthalben. Und Deutschland spielt nicht gerade den Musterknaben. Die Schulden des Bundes sind in der letzten Dekade im Durchschnitt um 29 Milliarden pro Jahr gestiegen. Mit 491 Milliarden DM stand der Bund Ende 1989 in der Kreide, das sind rund 20 Prozent des deutschen Sozialproduktes eines Jahres.

Es ist schon bewundernswert, mit welcher Nonchalance unsere Politiker über diese dramatische, ja existenzbedrohende Fehlentwicklung hinweggehen. Zwangsläufig ist so die ganze Weltwirtschaft monetär in eine Lage geraten, die ich schon vor Jahren als die »Zinsfalle« bezeichnet habe.

Die Zinsfalle

Die Weltwirtschaft sitzt nicht erst seit kurzem in der Zinsfalle. Sie befindet sich schon seit Jahren darin. Kern des Problems: die immer mehr ins Bewußtsein rückende »Schuldenkrise« (die ich lieber als »Überschuldungskrise« bezeichne) und die bekanntgewordenen offiziellen Kommentare und Verlautbarungen zu dieser Schuldenkrise, an erster Stelle die Statements der Hauptbetroffenen und Hauptverantwortlichen, also der großen internationalen Banken, an ihrer Spitze die Weltbank, und des Internationalen Währungsfonds.

Diese hatten Mitte der achtziger Jahre etwa folgendes erklärt: Die Schuldenkrise ist noch ungelöst, sie bereitet unverändert große Sorgen. Unter gewissen Voraussetzungen besteht aber durchaus die Möglichkeit, die riesigen Summen an dubios gewordenen Krediten wieder rückzahlbar zu machen. Die wichtigsten Voraussetzungen sind:

● Das Zinsniveau wird um mindestens 3 Prozent heruntergeführt, und
● das Wachstum der Weltwirtschaft wächst verstärkt um mindestens 3 Prozent.

Meine Stellungnahme damals: »Die Erfüllung dieser Bedingungen, das Zustandekommen dieser Voraussetzungen bleibt ein frommer Wunsch. Die gleichzeitige Realisierung von stärkerem Wachstum und fallenden Zinsen ist ausgeschlossen, weil fallende Zinsen und steigendes Wachstum sich gegenseitig ausschließen. Es ist, als ob man zwei vollkommen auseinanderliegende Notausgänge zugleich benutzen wollte. Das geht nicht. Entweder baut sich das (überhöhte) Zinsniveau weiter ab, dann kann sich das Wachstum der Weltwirtschaft nicht verstärken. Oder das Wachstum nimmt zu, dann können die Zinsen nicht fallen.«

Meine Beschreibung war richtig, meine Stellungnahme zutreffend, wie wir heute feststellen können. Das Zinsniveau hat sich eine Weile erheblich gesenkt, das Wachstum der Weltwirtschaft dabei jedoch nachgelassen. Leider blieb es nicht dabei. Die Zinsen fielen nicht genug. Sie begannen wieder zu steigen. Die Inflation kehrte zurück – bis heute.

Inzwischen sind die Problemschulden noch problematischer, ist das Volumen dieser Problemschulden noch größer geworden. Eine Verschlimmerung der Lage nach Quantität und Qualität.

Warum mußte es so kommen, warum hat sich das Bild von der »Zinsfalle« als zutreffend erwiesen? Um das zu verstehen, muß man sich von einer ganzen Reihe gewohnter und liebgewordener Vorstellungen vom ökonomischen und monetären Prozeß trennen. Es heißt Abschied nehmen von liebgewordenen Legenden.

Legende: Die »Geldmenge« bestimmt die Nachfrage.
Wahrheit: In Wirklichkeit bestimmt die Nachfrage die Geldmenge – aus Geld wird nicht Kauf –, aus Kauf wird Geld!
Legende: Zuviel Geld bringt eine Inflation hervor.
Wahrheit: In Wirklichkeit bringt eine Inflation zuviel Geld hervor!
Legende: Fallende Zinsen stimulieren die Nachfrage und damit die Konjunktur.
Wahrheit: In Wirklichkeit sind fallende Zinsen die größte Konjunkturbremse.

Doch wie lassen sich diese Wahrheiten begründen? Für mich ist offensichtlich:

1. Die Konjunktur ist Intensität der Nachfrage. Die Intensität der Nachfrage wird bestimmt vom Zinstrend, genauer von der vorherrschenden Zinstrenderwartung. Die Zinstrenderwartung der Mehrheit ist die »unsichtbare Hand« des Adam Smith. Steigende Zinsen bringen Übernachfrage (Boom), fallende Zinsen bringen Unternachfrage (Flaute).
2. Inflation ist krankhafte Wucherung aller ökonomischen Aggregate, also Wucherung der Schulden, des Geldes, der Produktionskapazitäten (einschließlich der Arbeitsplätze). »Überschuldung« (zuviel »verlorene« Kredite) ist eine Folge der Inflation.
3. Alle Folgen müssen irgendwann einmal beseitigt und vernichtet, jedenfalls aus der Welt geschafft werden. Dies geschieht in der Deflation. Die Deflation besteht aus:

- Streichung von uneinbringlichen Forderungen,
- Vernichtung von Teilen der Geldvermögensbestände,
- Stillegung und Vernichtung von Produktionskapazitäten,
- Abbau oder Verbilligung von Arbeitsplätzen.

Die Deflation folgt jeder Inflation. Ohne Deflation kein Ende der Inflation, außer durch Währungsreform (verordnete Inflation). Die Deflation als ökonomischer Prozeß ist Rezession, in schweren Fällen Depression. Zur Rezession und Depression gehören fallende Zinsen. Fortgesetzte Inflation kann nicht mit fallenden Zinsen einhergehen. Inflation ist immer mit hohen und steigenden Zinsen verbunden. Fortgesetzte Inflation ist kein Notausgang aus der Falle, macht bestenfalls die Falle komfortabler, weniger fühlbar.
So hatten wir's viele Jahre lang.
So haben wir es noch heute. Es ist die immer prekärer werdende »Wahl zwischen zwei Übeln«: entweder weiter hohe Zinsen – dann weiter schlimme Inflation (vor allem weitere Schuldeninflation). Oder die Zinsen fallen – dann kommen die weiteren Crashs.

Volatilität der Preise, Kurse und Zinsen

Preis- und Kursschwankungen hat es immer gegeben, wird es auch immer geben. Gut und schön. Aber auch dies ist eine Frage des Maßes, der Proportionen. Schauen wir uns die Kurven an, die Kurven der Zinsen. Die Lehre ist doch eindeutig. Noch nie hat es in so kurzer Zeit so starke Schwankungen der Preise, vor allem der Kurse und der Zinsen gegeben wie in den letzten zwanzig Jahren. Allein die Tatsache, daß die Weltwährung, der US-Dollar, unter riesigen Schwankungen von normalen 3 bis 4 Prozent Verzinsung geklettert ist auf ein Zinsniveau von über 20 Prozent! Das ist doch nicht ein Schönheitsfehler, ein Ausreißer. Das ist eine totale Verirrung, ein Aus-dem-Ruder-Laufen der ganzen Wirtschaft, wie es das noch nie gegeben hat. Und hohe Zinsen sind ja nicht eine vorübergehende Erscheinung. Sie bleiben nicht folgenlos. Hohe Zinsen haben Bestand, wirken dauerhaft. Je höher die Zinsen, desto schneller wachsen die Schulden. Hohe Zinsen tragen zur Überschuldung bei. Steigende Zinsen, schlimmer noch, führen zur übermäßigen Neuverschuldung. Die ganze Wirtschaft läuft bei zu hohen Zinsen aus dem Ruder. Das ist die Inflation in Reinkultur und in höchster Blüte, die Inflation in beiderlei Gestalt, in Gestalt der Schuldeninflation und in Gestalt der Preisinflation. Eines bringt das andere. Am Ende steht die »Überschuldung«.

Es wäre alles nicht nötig gewesen. Man hätte es vermeiden können. Man hat es aber nicht vermieden. Im Gegenteil, man hat alles nur verschlimmert. Die Geldpolitik der letzten zwanzig Jahre war reinste Prozyklik. Die Androhung der Geldverknappung mußte zu steigenden und hohen Zinsen führen. Das aber ist das Material, aus dem Inflationen gemacht werden. Wer die Zinsen nach oben treibt, treibt die Inflation. Die Inflation ernährt sich immer mehr von selbst. Sie lebt von der Spekulation auf mehr für morgen. Jede Spekulation lebt vom Auf und Ab. Wer das Auf und Ab, wer die Volatilität der Preise in der Welt anheizt, der macht sich schuldig, der verstärkt und verlängert die Überhitzung, die Übernachfrage, die Inflation.

Schandfleck Arbeitslosigkeit

Die Arbeitslosigkeit, die heute allein bei uns noch immer mehr als zwei Millionen Menschen aus dem Arbeitsprozeß herauskatapultiert, ist ein Schandfleck der Marktwirtschaft. Es ist doch ein unhaltbarer Zustand, daß in den Industriestaaten zwischen 5 Prozent (Niederlande) und 15 Prozent (Spanien) der Menschen ohne Arbeit leben. Lediglich Japan bildet mit seinen 2 Prozent Arbeitslosen die rühmliche Ausnahme. Im EG-Durchschnitt beträgt die Arbeitslosenquote Mitte 1990 aber immerhin noch fast 9 Prozent. In welche Höhe wird sie bei der nächsten konjunkturellen Abkühlung steigen?

Arbeitslosigkeit ist nicht ein unbeeinflußbares Schicksal, Arbeitslosigkeit ist vermeidbar. Sie ist eine Folge konjunktureller Fehlentwicklung und als solche politisch verschuldet, Folge eines Versagens der Konjunkturpolitik.

Wenn ich von Arbeitslosigkeit spreche, dann meine ich das, was wir Massenarbeitslosigkeit nennen, also die ganze umgreifende Erscheinung, unabhängig davon, daß es regionale Differenzierungen gibt, auch Branchenunterschiede. Gemeint ist der Tatbestand, daß in einer bestimmten wirtschaftlichen Entwicklung ein Zuviel an Arbeitssuchenden da ist, die nicht unterkommen.

Insoweit bin ich auch der Meinung vieler Kritiker, wenn ich sage, die Arbeitslosigkeit, die wir nicht nur bei uns, sondern weltweit haben, ist tatsächlich etwas, was das ganze System belastet. Daher auch das Wort »Schandfleck«. Ein System, das es nicht fertigbringt, die Arbeitslosigkeit zu verhindern, kann so gut nicht sein.

Nach meiner festen Überzeugung ist die Arbeitslosigkeit wie auch andere Fehlentwicklungen die Folge einer generellen, noch viel größeren Fehlentwicklung im marktwirtschaftlichen Prozeß, die nicht verhindert worden ist – und das ist die Inflation. Die Inflation, so wie ich sie verstehe, als Wucherung aller Aggregate in der Gesamtwirtschaft, ist die große Krankheit des marktwirtschaftlichen Systems, die es zu bekämpfen oder aber gar nicht erst aufkommen zu lassen gilt.

Folgen von Fehlentwicklungen kann man sowieso nicht »bekämpfen«. Das gilt darum auch für die Arbeitslosigkeit, die immer Bestandteil dessen ist, was jeder Inflation folgt, ja folgen muß, nämlich der deflationären Stabilisierung. Die Arbeitslosigkeit tritt nämlich immer erst dann ein, wenn die Inflation gewesen ist und wieder nachläßt. Dann wird sie erst deutlich als Bestandteil des notwendigen Stabilisierungsprozesses.

Wenn es richtig ist, daß Inflation Übernachfrage mit der Folge des Wucherns ist, des Wucherns von Geld und Schuldenbeständen und von anderen Aggregaten der Ökonomie, dann wird man nach einer längeren Periode der Inflation, wie wir sie gehabt haben, feststellen, daß auf allen Gebieten ein Zuviel entstanden ist. Ich sage auf allen Gebieten und meine damit nicht nur Geld und Schulden, sondern Kapazitäten in jeder Form, insbesondere Produktionskapazitäten. Jede Übernachfrage führt natürlich dazu, daß die Produktion, also das Angebot, gesteigert wird. Die Inflation führt zu inflationärem Wachstum der Kapazitäten und innerhalb der Kapazitäten zu einer wuchernden Steigerung der Arbeitsplätze.

Das Wuchern in der Inflation ist zunächst ein Volumenwuchern, also ein einfaches »Mehr«, es ist aber außerdem in der Regel ein Wuchern der Preise, zu denen auch die Löhne gehören. Das Resultat des inflationären Prozesses sind dann zu große Kapazitäten und zudem zu hohe Preis- und Lohnniveaus, konkret gesprochen: zu viele zu teure Arbeitsplätze.

Die durch Inflation ausgelösten Überkapazitäten müssen irgendwann beseitigt werden. Das geschieht dann durch Insolvenzen und durch Insolvenzverhinderungsmaßnahmen, Stillegungen, Rationalisierung, Personalabbau. Damit folgen Insolvenzen und Insolvenzverhinderungsmaßnahmen der Inflation. Der Abbau der inflationären Überkapazitäten bringt innerhalb des ganzen Wirtschaftsapparates die Arbeitslosigkeit. Es sind am Ende als Folge des inflationären Prozesses zu viele und zu teure Arbeitsplätze da, und die werden im Stabilisierungsprozeß abgebaut. Spätfolge der Inflation. Darum meine Formel: Auch die Arbeitslosigkeit ist eine Folge der inflationären Fehlentwicklung, auch die Arbeitslosigkeit ist ein Kind der Inflation.

Für den Arbeitsmarkt bleibt die große Frage, ob es andere Möglichkeiten der Schadensbegrenzung gibt. Wenn es richtig ist, daß zu viele, zu teure Arbeitsplätze entstanden sind, dann stellt sich die Frage: Wie kann man die noch ausgelasteten Arbeitsplätze verbilligen? Das könnte man auch über die Währung tun, oder man tut es, indem man, aber das ist ein ganz großes Problem (Tarifhoheit), die Entgelte schrumpfen läßt. Dies ist vielleicht der heikelste Punkt bei der Betrachtung der Arbeitslosigkeit. All die Folgen der Inflation auf den anderen Gebieten – Geld, Schulden, Kapazitäten, Kapital – können alle vom Markt her reguliert werden. Diese Regulierung, diese automatische Bereinigung, ist Deflation. Alles, was Preisreduktion und Volumeneinschränkung ist, wirkt deflationär. Auch die Arbeitslosigkeit ist ein Stück der bereinigenden Deflation. Aber der deflationäre Prozeß beim Arbeitsmarkt ist ja deswegen anders zu bewerten, weil es sich um persönliche Schicksale Unschuldiger handelt, und darum, weil wir im Arbeitsmarkt keine natürliche Preisbildung haben, wo ein Markt atmen kann, nach beiden Seiten. Das sehe ich als den großen Mangel. Wenn der Markt atmen würde wie bei allen anderen Preisen, auch in Reaktion auf eine inflationäre Fehlentwicklung, wenn der Arbeitsmarkt sich helfen könnte, indem er die Preise herunternimmt, wie das auf anderen Gebieten in der Deflation geschieht, dann könnte man sehr viele Arbeitsplätze länger erhalten, aber eben zu einem geringeren Entgelt. Das scheint mir aber in unserem System praktisch undurchführbar. Wir wissen ja, daß die Löhne und Gehälter nach unten keine Flexibilität mehr haben. In anderen Ländern, wo ein größerer Spielraum noch da ist, in den USA beispielsweise, ist ja auch ein Teil dieser Problematik im Arbeitsmarkt durch bewußte Deflation, durch Lohnrücknahme bewältigt worden, allerdings ein sehr kleiner Teil. Wir wissen von Lohnrücknahmen bei der Automobilindustrie und in der Stahlbranche. Das wäre schon die richtige Antwort, aber die Tarifparteien wären bei uns überfordert.

Regenbogenkonjunktur

Bereits Mitte der achtziger Jahre habe ich von einer »Regenbogenkonjunktur« gesprochen. Gemeint war eine »Mischkonjunktur«, eine Konjunktur der Gegensätze, eine Wirtschaftslage zwischen Boom und Rezession. Die einen verdienen zuviel, die anderen gar nichts mehr. Sprießende Branchen, blühende Unternehmen und gleichzeitig viele Pleiten, bombastische Konkurse. Riesige Unterschiede zwischen den Branchen, aber auch Gegensätze innerhalb der Branchen. AEG geht in Vergleich, Siemens kann sich der wachsenden Gewinne kaum erwehren. Die einen werden von der Sonne beschienen, die anderen stehen im Regen. Darum »Regenbogenkonjunktur«, es regnet, und gleichzeitig scheint die Sonne. Die unverwechselbare Konstellation für den Regenbogen. In der Wirtschaft entsteht kein Regenbogen, aber bunt ist das Bild, das sich bietet. Normal oder nicht normal?
Im Grunde gibt es immer etwas »Regenbogenkonjunktur«, beobachten wir immer wieder Pleiten und daneben immer besonders erfolgreiche Firmen. Das ist normal, davon spreche ich auch nicht. Unnormal wird es, wenn dieser Zustand ein gewisses Maß überschreitet, wenn zuviel Extreme sich gegenüberstehen, wenn zugleich die Pleiten sich häufen und die Gewinne explodieren.

Die Regenbogenkonjunktur ist ein Symptom, ein Symptom der Instabilität. Sie ist eine Folge konjunkturpolitischer Fehlsteuerung. Die Regenbogenkonjunktur gehört wie die »Zinsfalle«, die »Geldschwemme«, die »Überschuldung«, »Arbeitslosigkeit« und die »Zins- und Preisvolatilität« zu den Symptomen einer kranken Wirtschaft, zu den Symptomen eines fehlgeleiteten und fehlgesteuerten Kapitalismus.

Dabei sind alle diese Erscheinungen auch noch mehr als nur Symptome, sie sind nicht nur Folgeerscheinungen, sie haben auch miteinander wechselseitig kausal zu tun. Sie bedingen einander. So entsteht »Regenbogenkonjunktur« nicht nur »parallel« neben den großen Zinsschwankungen, neben der »Schuldenexplosion«, neben der »Zinsfalle«, die »Regenbogenkonjunktur« entsteht gerade durch diese Phänomene. Betrachten wir den »Hochzins« und die großen Zinsschwankungen. Hochzins bringt Fehlleitung von Kapital und dabei ein Auseinanderleben der Wirtschaftsunternehmen durch ungleiche Bedingungen. Das Maß der Eigenfinanzierung wird zum Überlebenskriterium. Das »reiche« Unternehmen mit hoher Eigenfinanzierung wird belohnt, das »arme« Unternehmen mit relativ hohen Schulden wird bestraft. Es ist dies das »AEG-Siemens-Syndrom«. Sowohl die Kapitalfehlleitung als auch massive Wettbewerbsverfälschung sind darin enthalten.

Das hochfinanzierte Unternehmen leistet sich statt Sachinvestitionen hochrentable Finanzanlagen. Das unterkapitalisierte Konkurrenzunternehmen muß für die Rentabilität dieser Finanzanlagen aufkommen. Das eine Unternehmen vereinnahmt die hohen Zinsen, das andere Unternehmen muß sie aufbringen. Der Wettbewerb zeigt sich gestört und verfälscht. Die Ursache ist eine unüberlegte Zinspolitik, die viel zu lange steigende und dann noch viel zu lange hohe Zinsen nicht nur zugelassen, sondern sie eigens hervorgerufen hat. Allein schon zu hohe Zinsen bringen die Verzerrung, steigende Zinsen aber heizen die Fehlentwicklung noch zusätzlich an. Am Ende bringt dann erst ein Zurückgehen der Zinsen die Bereinigung der entstandenen Situation durch eine Rezession. Dann werden die Schwachen in der Wirtschaft beseitigt, nicht zuletzt, indem sie unter ihren alten, zu hoch verzinslichen Schulden zusammenbrechen. Die »Zinsfalle« steht am Ende jeder »Regenbogenkonjunktur«. Nach dem Ende der »Regenbogenkonjunktur« bleiben Sonnenschein und Dürre, eine Wetterlage, die die kapitalistische Wirtschaft weit zurückwirft in einen Zustand, von dem sie sich unter Umständen sehr lange nicht wieder erholt.

Der heutige Befund »Regenbogenkonjunktur«, also Gleichzeitigkeit von »noch immer neuen Pleiten« (deflationäre Erscheinung) und schon wieder inflationärer Überproduktion und Aufblähung, wird auch dadurch bestätigt, daß die Konjunkturbeobachter überall extrem gespalten sind. Die einen fürchten »mehr Inflation«, die anderen reden inzwischen schon wieder von »Rezession«, wenn nur die mickrigste »schlechte« Zahl aus der Statistik publik wird, vor allem in den USA. Eins von beiden kann aber nur richtig sein, denn »Rezession« und »mehr Inflation« kann es gleichzeitig nicht geben. Gleichzeitig geben kann es höchstens »Rezession« und »noch Inflation«. Und genau das ist es auch, was es geben wird. Die seinerzeit eigens für diese Situation erfundene Bezeichnung »Stagflation« ist darum auch jetzt in den USA wieder in Umlauf.

Die Droge »Europa 92«

Das Kippen der Konjunktur wird kommen, und zwar in der ganzen Weltwirtschaft, aber wahrscheinlich zuerst in den USA, also vor Europa und vor dem Fernen Osten. Das liegt daran, daß die US-Konjunktur ohnehin labiler ist, vor allem aber daran, daß ihr ein zusätzliches Treibmittel fehlt, über das wir in Europa verfügen. Das – übrigens sehr fragwürdige – Treibmittel heißt »der große europäische Binnenmarkt ab Ende 1992«.

Die großen und kleinen Tiger im Fernen Osten sind ohnehin so gedopt, daß sie allemal wohl erst nach uns in die Knie gehen. In Europa aber wird die augenblickliche Konjunktur, die ja eine ausgeprägte Investitionskonjunktur ist, in besonderer Weise angeheizt von der Droge »Europa 92«. Ähnliches gilt für die überzogene Wachstumsspekulation durch das Zusammengehen der deutsch-deutschen Märkte. Auf eine Fortsetzung der augenblicklichen Höchstleistungen der Wirtschaft ist darum kein Verlaß. Die hochgespannten Erwartungen, die man hier in der Wirtschaft dem »erweiterten Binnenmarkt« entgegenbringt, beruhen in hohem Maße auf einer Täuschung, auf einer Fehlspekulation. In der falschen Annahme, daß der »erweiterte Markt« eine »eigene Dynamik« entwickeln und mehr Wachstum und Beschäftigung bringen wird, bereiten sich alle darauf vor »dabeizusein«, um an diesem »Mehr« teilzunehmen. Angetrieben von dieser Motivation, werden die Investitionen verstärkt, und zwar sowohl Rationalisierungs- als auch Erweiterungsinvestitionen; auf alle Fälle werden vergrößerte Produktionskapazitäten geschaffen. Außerdem finden viele Fusionen und Zusammenschlüsse statt, nur um unter dem Aspekt einer verstärkten Anbieterposition auf den erweiterten Markt besser vorbereitet zu sein. So könnte man sagen, die erwartete »Dynamik« findet in der Tat statt, aber sie findet heute schon statt und nicht nach 1992. Im Gegenteil: Es wird dann ein böses Erwachen geben, denn das »Mehr« im erweiterten Binnenmarkt wird ausbleiben, das »Mehr« an Umsatz und Beschäftigung, das »Mehr« an Nachfrage. Darauf käme es aber an. Wo aber soll es eigentlich herkommen? Wie soll ein »Mehr« zustande kommen? Wächst die Bevölkerung auf einmal schneller im Gemeinsamen Markt? Werden es mehr als die vielzitierten 320 Millionen sein, die es doch heute schon gibt? Mehr Nachfrager gibt es also nicht. Wird es trotzdem aber mehr Nachfrage geben? Die Experten nehmen das an. Ich glaube es nicht. Ich befürchte sogar das Gegenteil, und dies gerade deshalb, weil es mit Sicherheit ein anderes »Mehr« geben wird, nämlich ein »Mehr« an Wettbewerb. Dafür sorgt alleine schon der »Abbau der Schranken«. Das bewirken auch die Produzenten und Anbieter, die schon jetzt – wie geschildert – alle Anstrengungen unternehmen, um mehr und billiger anbieten zu können.

Mehr Wettbewerb ist aber alles andere als mehr Nachfrage. Er bringt das Gegenteil. Wenn durch den Wettbewerb die Preise fallen – und das wird geschehen –, dann zieren sich die Nachfrager erst einmal. Sie stellen Nachfrage zurück. Der Absatz stockt eher, als daß er zunimmt. Das wird erst recht so, wenn auch noch immer mehr Anbieter »von außen« hinzukommen. Europa nach 1992 wird eher ein Traumland der Verbraucher, in dem die Konsumenten zunächst gemächlich spazierengehen und die vielen Früchte in aller Ruhe von den Bäumen pflücken.

So wird es werden. Für manchen Anbieter allerdings wird »Europa nach 1992« darum eher zum Alptraum.

Ein anderes vernachlässigen die rosaroten Visionen vom Europa 92 in erschreckender Weise: Wie soll man solch gespaltene, disparate Märkte zusammenführen? Nehmen wir als Beispiel die so weit auseinanderklaffenden Handelsbilanzsalden: Da finden Sie auf der einen Seite strotzende Volkswirtschaften wie die deutsche, die Handelsüberschüsse von 21 Milliarden Ecu einfährt, und auf der anderen Seite schwachbrüstige Länder wie Großbritannien mit einem Minus von 12 Milliarden Ecu im ersten Halbjahr 1989. Oder ein anderes Beispiel: Bei den durchschnittlichen Lohnkosten 1989, dies beim Basisindex 100 für die Bundesrepublik Deutschland, liegen drei Länder weit unter dem Index 50. Diesen Alarmschrei stößt der Banco de España aus. Kein Wunder, wenn Spanien (43 Punkte), Griechenland (28 Punkte) und Portugal (10 Punkte) weit abgeschlagen landen. Solche Zahlen führen immer wieder zur Frage: Wie will man solch disparate Wirtschaften unter einen Hut bringen?

Insgesamt muß man davon ausgehen, daß die heute noch so strahlende Konjunktur spätestens mit dem Beginn des erweiterten Marktes sich eintrübt und ins Stocken gerät. »Spätestens«, sage ich, denn auch ohne den letztlich konjunkturbremsenden »Europa-Effekt« wird eine Beruhigung, eine Abkühlung eintreten. Einfach weil sie fällig ist nach der erneuten inflationären Überhitzung. Anfangen wird die Abkühlung überall, wenn die Zinsen fallen, vorher allerdings nicht.

Weltkonjunktur zwischen Himmel und Hölle

Auch die Weltwirtschaft zeigt sich schillernd wie ein Regenbogen. Ein solcher »gespaltener« Charakter – die Medizin bezeichnet dies als Schizophrenie – ist ökonomisch auf den Binnenmärkten wie auch global zu beobachten. Die Weltkonjunktur schwebt zwischen Himmel und Hölle, zwischen zwei Extremen, nämlich zwischen einer großen, alles umfassenden Rezession und einer boomartigen Erholung mit Superinflation.

Die Disparitäten wachsen, binnenwirtschaftlich wie global. Auf dem Weltmarkt spaltet sich die Wirtschaftskraft immer deutlicher. Während die EG-Staaten nach einer Prognos-Studie ihr Bruttoinlandsprodukt pro Kopf von 9814 Dollar (1980) auf 13020 Dollar (1994) steigern werden, wird es für die Staaten Afrikas im gleichen Zeitraum von 1037 Dollar auf 870 Dollar fallen.

Die Weltkonjunktur steht auf der Kippe, rechts und links gähnen Abgründe. In einen der Abgründe wird sie stürzen. Auf der Kippe kann man nicht lange balancieren. Die Weltwirtschaft tut es bereits seit fünf, sechs Jahren. Das kann nicht mehr lange so weitergehen. Darum muß man eine Fortsetzung des gegenwärtigen Zustandes des mäßigen Wachstums und der relativen Stabilität ausschließen. Dieser Mittelweg ist verbaut.

Wer macht die Konjunktur?

Für die Konjunkturpolitik bleiben aber die Schwankungen in der Nachfrage, die eigentliche Ursache dessen, was wir Konjunktur nennen, das Wichtigste. Wie kommen diese Schwankungen zustande? Warum gibt es Phasen nachlassender allgemeiner Nachfrage, warum gibt es Phasen verstärkter, zunehmender oder gar auch überhöhter Nachfrage? Was veranlaßt die (potentiellen) Nachfrager, die ja relativ frei disponieren können, einmal relativ mehr und ein andermal relativ weniger nachzufragen? Sind es Launen, sind es »Zyklen«? Was verursacht die Konjunkturschwankungen, warum einmal »Übernachfrage«, ein andermal »Unternachfrage«? Eine Frage, die sich so nur im Wohlstand stellt.

Wer die Antworten weiß, nur der kann berechenbare, erfolgreiche Konjunkturpolitik machen, wenn er will. Die Ultraliberalen wollen ja gar nicht. Mein Standpunkt: Die Wirtschaftspolitik muß wollen. Konjunkturpolitische Globalsteuerung gehört zur Marktwirtschaft, sie ist politische Pflicht, es gibt eine Pflicht zur Konjunkturpolitik und damit eine Pflicht zur Globalsteuerung.

Die Antwort auf die konjunkturelle Gretchenfrage »Warum mehr, warum weniger Konsum?« ist für mich klar: Die relative Nachfrage, die relative Nachfragebereitschaft (Konsumrausch oder Attentismus), all das hängt von der Preisspekulation aller potentiellen Nachfrager ab, von ihren Preiserwartungen also – einzig und allein davon, von nichts anderem.

Der einzelne Kauf hat tausend Motive (»Bedarf«), darunter aber immer auch das spekulative Motiv. Die Schwankungen in der Gesamtnachfrage werden einzig und allein bestimmt von der überwiegenden Preisspekulation der überwiegenden Mehrheit, von sonst nichts. Sie wird auch nicht bestimmt von vagen Gefühlen und Stimmungen wie Optimismus, Pessimismus, Frohsinn oder Ärger. Optimismus oder Pessimismus sind keine ökonomischen Kategorien!

Nein, die Spekulation, die konkrete Preisspekulation, bestimmt das Handeln. Die Preisspekulation bestimmt die unterschiedliche Bereitschaft zum Handeln – zunächst einmal jedes einzelnen. Wenn diese Spekulation aller – oder mindestens einer überwiegenden Mehrheit der dementsprechend Handelnden – in die gleiche Richtung geht, also richtungskonform ist, dann handelt diese überwiegende Mehrheit auch konform und übereinstimmend und macht damit Konjunktur. Darum kann man sagen: Die Konjunktur wird durch das Nachfrageverhalten einer übereinstimmend und konform in die gleiche Richtung spekulierenden Mehrheit bestimmt. Und das geht nach folgendem Gesetz: Die jeweils überwiegend in die gleiche Richtung spekulierende Mehrheit realisiert durch ihr übereinstimmendes Handeln ihre eigene Spekulation. Die Mehrheit erfüllt sich durch ihr Handeln ihre eigene Erwartung.

Das konjunkturtheoretische Grundgesetz lautet: Die Konjunktur wird – übrigens jeden Tag neu – bestimmt von den Preiserwartungen der überwiegenden Mehrheit aller Kaufenden, aller zum Kaufabschluß Entschlossenen. Wohlgemerkt, von konkreten Preiserwartungen, niemals von unkonkreten, nicht preisbezogenen allgemeinen Erwartungen (Optimismus, Pessimismus).

Daraus folgt: Die Entwicklung der Wirtschaft, die Konjunktur, wird bestimmt von der Häufigkeit und vom Volumen der in einer bestimmten Zeitspanne vollzogenen Kauf- und Neuverschuldungsakte (getätigte Nachfrage). Jeder einzelne Akt der Neuverschuldung (aus Kauf oder aus Kreditaufnahme) wird entschieden von dem, der sich neu verschuldet, also dem Käufer oder dem Kreditnehmer.

Darum wird die Konjunktur bestimmt von der relativen Verschuldungsbereitschaft der potentiellen Käufer und/oder Kreditnehmer – binnenwirtschaftlich und global, wohlgemerkt. Die vorhandenen Preise und das Preisniveau sind als statische Größen ohne berechenbaren Einfluß auf das Verhalten aller potentiellen Käufer und Kreditnehmer. Die Weltwirtschaft ist heute in einer »unheilbaren« Situation. Sie wäre vermeidbar gewesen, wenn man in Anwendung der richtigen Erkenntnisse eine »richtige« Wirtschafts-, Geld- und Konjunkturpolitik betrieben hätte.

Die durch exzessive Verschuldungsbereitschaft verursachte Überschuldung der Weltwirtschaft ist die zwangsläufige Folge verfehlter Wirtschafts- und vor allem Geldpolitik. Eine Überschuldung in diesen Ausmaßen läßt sich nicht mehr durch Gegensteuern beheben. Die Weltwirtschaft befindet sich im Notstand. Erforderlich sind Notstandsmaßnahmen wie Währungsreform und Verstaatlichung der größten notleidenden Schuldenkomplexe (als schlimmstes Beispiel die US-Sparbanken).

Um ein Bild zu gebrauchen: Entweder der schon völlig überdehnte Ballon der Weltwirtschaft kriegt mehr und mehr Löcher, die die heiße Inflationsluft und Überschuldungsgase entweichen lassen, und der Ballonkorb geht zwar unsanft, aber noch reparabel zu Boden. Oder der Ballon wird weiter notdürftig geflickt, erhält noch einmal mehr heiße Luft und steigt erneut in schwindelnde Höhen, um dann etwas später mit noch viel größerem Knall endgültig zu platzen und den Korb abstürzen und am Boden zerschellen zu lassen. Einen Mittelweg, eine sanfte Landung, gibt es nicht mehr. Dafür ist es zu spät, schon seit vielen Jahren zu spät. Ein »soft landing«, auch in der Wirtschaft, ist nicht mehr als eine sympathische Illusion.

Noch eines ist sicher: Die Zeit arbeitet nicht für, sondern gegen uns. Mit Zeit ist nichts gewonnen. Je später die Bruchlandung, desto katastrophaler die Folgen. Das heißt auch: Jede Erholung, jedes neue vorübergehende Wachstum verschlimmert die Lage und verzögert die Lösung, die notwendige Bereinigung.

Crash – Mit der Börse fängt es an

Die Aktie ist Eckstein und Wahrzeichen des privatkapitalistischen Systems. Die Leidensgeschichte der Aktie ist ein Teil der Fehlentwicklung des privatkapitalistischen Systems. Die Aktie blieb leider Stiefkind der Wirtschaftspolitik, die Aktie wurde »verzogen« und »verdorben«. Die Aktie wurde mit mehr oder weniger Gewalt unter die Leute gebracht, als sie schon zu kränkeln begann, als sie sich an der kranken Konjunktur angesteckt hatte.

Die Börsen-Crashs 1987, 1989 und 1990 bedeuteten einen schweren Rückschlag im Leben der Aktie. Die »späte« Einführung der Aktie und der hohe Anteil von schlecht aufgeklärten Aktionärsneulingen erhöhen den Schaden. Enttäuschte Liebe. Diese wird lange nicht überwunden werden, vor allem nicht in den kommenden Jahren einer deflatorischen Rezession mit überwiegend weiter fallenden Kursen.

Mit der Besonderheit der Aktie als Vermögensanlage, mit ihrem weithin nicht verstandenen, unverwechselbaren Charakter wird ihr Börsenschicksal erklärbar. Die Aktie ist das einzige »Papier«, der einzige Vermögenswert, der einen Doppelcharakter besitzt: Die Aktie ist halb Geld-, halb Sachwert. Nur wenn man das weiß, kann man die Börsenbewertung der Aktie beurteilen und einschätzen, kann man »schwarze Tage« für die Aktienbörse, beispielsweise die beiden Oktober-Crashs, »erklären«, kann man weitere solche Tage bedingt voraussagen.

Die Doppelnatur der Aktie bedeutet, daß die Aktie gegen beide großen konjunkturellen Fehlentwicklungen, nämlich Inflation oder Deflation, begrenzt zu je 50 Prozent, geschützt ist, als Geldwert gegen Deflation, als Sachwert gegen Inflation.

Darum ist die Aktie als langfristige Vermögensanlage grundsätzlich immer zu empfehlen – unabhängig von der jeweiligen Konjunktur- und Börsenlage. Die kurz- und mittelfristige Kursentwicklung an der Aktienbörse wird von der konjunkturellen Großwetterlage bestimmt:

● Bei überwiegender Inflation werden die Aktienkurse – trotz allgemein hohem Zinsniveau – wegen der Sachwertkomponente nach oben getrieben,

- bei überwiegender Deflation müssen noch vorhandene inflationäre hohe Aktienkurse – trotz allgemein fallendem Zinsniveau – zurücklaufen oder gar abstürzen.

Die Sachwertkomponente der Aktie setzt sich letzten Endes stärker durch als die Geldwertkomponente im Licht der konjunkturellen Entwicklung. Im Extremfall: Auch die dividendenlose Aktie hat in schwerer Deflation noch einen Preis.

Der Börsen-Crash vom 13. Oktober 1989 hatte dieselben Ursachen und dieselbe Veranlassung wie der Aktienkurseinbruch vom 19. Oktober 1987. Darum waren beide Crashs für den, der die Ursachen kennt und die auslösende Veranlassung, keine Überraschungen. Jeder Crash, jeder »Preissturz«, ist immer die Korrektur einer Fehlentwicklung, das Zurücknehmen einer Übertreibung. Fehlentwickelt und übertrieben und damit zunehmend einsturzgefährdet sind große Teile der Schulden in der Welt und die Bewertung von Sachvermögen. Man kann auch sagen, es geht überall nur um übertriebene Bewertungen. Der übertriebene Preis für ein Kunstwerk und für ein Grundstück ist genauso gefährdet, damit gefährlich und gefährdend wie die volle Bewertung (zu pari) eines Kredits, der teilweise oder ganz verloren ist, weil der Schuldner ihn nie mehr ganz zurückzahlen kann. Überbewertungen können sich lange halten, wenn alle mitspielen oder wenigstens die meisten. Das Spiel ist aus, wenn aus den meisten die wenigen werden, wenn den meisten die Augen aufgehen, wenn die meisten das Spiel durchschauen. Wann genau das passiert, das weiß niemand. Aber daß es passieren muß, das kann man wissen, wenn man die »Übertreibung« erkennt. Einmal kommt sie, die Stunde der Wahrheit, ob bei den Aktien, bei den Grundstücken, bei der Kunst oder bei Geld und Kredit.

Bei der Aktie gibt es immer zwei Bewertungsmaßstäbe, einmal die relative Rentabilität (Verzinsung) und zum anderen erwartete Kurssteigerungen. Die relative Rentabilität wird gemessen an der Durchschnittsrentabilität aller Vermögen (Durchschnittsniveau). Die Spekulation auf Kurssteigerung ernährt sich von Berichten und Gerüchten. Beides ist Spekulation. Aktienkurse müssen zusammenbrechen, wenn beide Spekulationen »negativ« werden, die relative Renditespekulation

74

und gleichzeitig die Kursspekulation. Diese Konstellation gab es am 13. Oktober 1989 in den USA. So kam es zum »schwarzen Freitag«. Enttäuschte Aufkaufspekulation und eher wieder steigende Zinsen lösten das Debakel aus. Übertrieben zwar, vielleicht aber gerechtfertigt – vor allem in den USA. Gerechtfertigt aber auch bei uns, wenn auch in viel geringerem Maße und darum übertrieben, denn die Konjunkturabschwächung mit Gewinnrückgängen kommt bei uns auch einmal, nur etwas später, dafür aber um so heftiger. So begründbar das Börsengeschehen in Amerika und bei uns ist, so unerklärlich war es 1987 und 1989 in Japan. Die Börse mit dem größten Korrekturbedarf – und daran gibt es nichts zu zweifeln – korrigierte damals am wenigsten, blieb auf völlig überhöhtem Niveau. 1990 wurde diese Korrekturbewegung dann nachgeholt.

Nun aber zu den Folgen der Börsen-Crashs. Zwei Jahre anhaltende Erholung schienen den Börsen-Crash vom 19. Oktober 1987 zum einmaligen Unfall zu machen. Nach dem zweiten Mal ist das anders. Die Wiederholung wird zur ernsten Warnung, sie wird nicht wieder vergessen. Hinzu kommt, daß die tatsächliche Entwicklung der Wirtschaft zur Vorsicht mahnen wird. Dies gilt jetzt schon für Amerika, etwas später aber mit größerer Deutlichkeit für Europa. Bei uns ist es so, daß die Konjunktur seit dem Frühjahr 1988 bis zum heutigen Tage von zwei starken Impulsen angetrieben wird, von der berauschenden Aussicht auf den großen europäischen und deutsch-deutschen Markt und von der Annahme weiter steigender Zinsen. Beides ist schon lange nicht mehr rational. Das wird ein böses Erwachen geben, denn – wie ich schon oft gesagt habe – größerer Markt heißt nicht mehr Absatz.

Mit den beiden Oktober-Crashs fing es nur an. Unter uns gesagt: Ich spreche ja eigentlich nicht gerne von »Crash«. Nur zögernd und spät habe ich das Wort in mein Vokabular aufgenommen, erst dann, als auch höchst offizielle Stellen – wie etwa der Präsident der Deutschen Bundesbank – von dem Wort Gebrauch machten.

Der Begriff »Crash« ist schillernd, zumindest unpräzise. Viele Leute verstehen darunter in erster Linie – oder überhaupt nur – einen »Börsenkrach«, einen »schwarzen Freitag«. Andere wieder denken an einen »Währungs-Crash«, an einen tiefen Sturz des Dollar etwa, der »irgendwie« alles andere mit nach unten reißt und zu einem Zusammenbruch des weltweiten Kredit- und Finanzsystems führt.

Diesen Zusammenbruch des Finanzsystems sehe ich auch, aber aus anderer Ursache und darum auch als Ergebnis eines anderen Ablaufs der ökonomischen und monetären Prozesse. Auf den Ablauf aber kommt es an. »Mein« Crash ist die Deflation.

Das ist ein deflationärer, monetärer Kollaps und die große ökonomische Depression zugleich: riesige Pleiten, Massenarbeitslosigkeit und Vermögensverfall, alles begleitet von schwersten Kurseinbrüchen an den Börsen. Dies alles ist der Crash. Unser großer Crash wird die zweite Weltwirtschaftskrise, die zweite Depression in diesem Jahrhundert, eine Wiederholung von 1929, nur sehr viel schlimmer.

Der Crash kommt nicht in ferner Zukunft. Er hat ja längst begonnen, er ist schon da. Er ist schon da mit allen seinen Begleiterscheinungen, wenn auch erst in Ansätzen, aber eigentlich doch schon unübersehbar. Das gilt genauso auch schon für den speziellen Börsen-Crash. Auch da steht das Hauptbeben zwar immer noch bevor, aber die Vorbeben, die ersten Erdstöße, die ersten »schwarzen Freitage«, sind schon dagewesen – unübersehbar. Wir haben sie alle wahrgenommen, aber wirklich ernst genommen haben wir sie nicht.

Börsen-Crash und Depression

Das große Börsendebakel besteht nie aus nur einem, sondern immer aus mehreren »schwarzen Freitagen«. Die ersten kleinen Börsen-Crashs sind Vorboten, ausgelöst durch Krisenerwartung. Auch der große Börsen-Crash ist nicht eigentlich die Ursache der Wirtschaftskrise, sondern er ist eher eine Folge-, bestenfalls eine Begleiterscheinung. Die Krise selbst ist eine ökonomische Krise, eine Krise des Geldes und der Konjunktur. Da beginnt es zu krachen. Dann erst kracht es an den Börsen. Wirtschaftskrise und Börsenkrach haben sehr wohl miteinander zu tun. Trotzdem sind sie aber zweierlei, so wie Konjunktur und Börse zweierlei sind. Es ist wichtig, die beiden Dinge auseinanderzuhalten.

76

Die Konjunktur, also die allgemeine wirtschaftliche Entwicklung – in einem Land oder in der ganzen Welt –, ist die eine Sache. Das Börsengeschehen, das Auf und Ab der Börsenkurse (für Wertpapiere), ist eine andere Sache. Es gibt Wechselwirkungen, aber zum einen nur ganz mittelbare, also indirekte, und zum anderen sind diese Wechselwirkungen mehr oder weniger zeitlich verschoben. Ein klarer Spiegel der Konjunktur ist die Börse nie, bestenfalls ein Zerrspiegel.

Am Anfang ist die Konjunktur. Der große Crash verursacht in erster Linie eine Wirtschaftskrise, an der allerdings auch der Zerrspiegel Börse zerbricht. Wie das geschieht und wann, das ist in der Tat nicht vorhersagbar. Trotzdem will ich dazu etwas anmerken. Zuvor aber noch eine klarstellende Vorbemerkung zu dem Phänomen Börse.

Die Rentenbörse

Es gibt nicht »die« Börse, auch nicht »die« Wertpapierbörse. Es gibt zwei ganz unterschiedliche Wertpapierbörsen, an denen zwei völlig verschiedene Wertpapiergattungen gehandelt werden. Ich meine die Aktienbörse und die Börse der Festverzinslichen, die Rentenbörse. Man muß die beiden Märkte auseinanderhalten. Aktienmarkt und Rentenmarkt folgen verschiedenen Gesetzen, ihre jeweilige Entwicklung läßt darum auch unterschiedliche Schlüsse zu. So gibt es auch keinen Gleichschritt zwischen Aktienbörse und Rentenbörse, auch wenn ein solcher Gleichschritt streckenweise vorkommt. Der Grund für die Unterschiedlichkeit der Märkte liegt darin, daß die Aktie einen ganz anderen Charakter besitzt als die »Rente«, das festverzinsliche Papier. Die Rente ist eine verhältnismäßig einfache Konstruktion (was nicht heißt, daß die Rentendisposition einfach wäre). Eines ist klar: Ihr Gegenwartswert, ihr Kurs, wird im wesentlichen bestimmt von dem jeweiligen allgemeinen Zinsniveau, das gerade Gültigkeit im Lande hat, und nur unwesentlich wird – bei uns jedenfalls – der Wert des einzelnen Papiers bestimmt von der Bonität, von der Reputation des Emittenten, also des Schuldners. Bei den zugelassenen Papieren kann man – bei uns jedenfalls – in der Regel von einer prinzipiell unzweifelhaften, höchstens

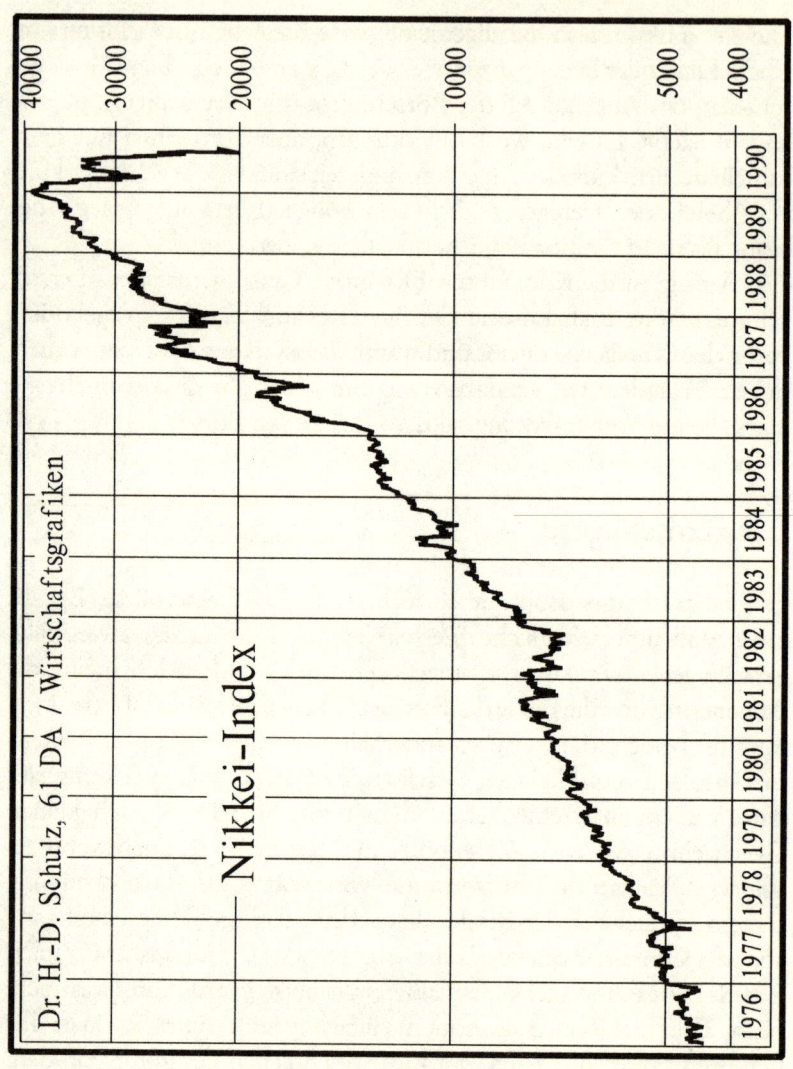

Dr. H.-D. Schulz, 61 DA / Wirtschaftsgrafiken

Nikkei-Index

nach dem Geschmack des Publikums ein wenig abgestuft eingeschätzten Bonität ausgehen.

Die Aktienbörse

Ganz anders die Aktie. Die Aktie ist in erster Linie eine risikobehaftete Beteiligung an einem im Wettbewerb stehenden Betriebsvermögen mit schwankenden Ertragsaussichten. Die jeweilige Bewertung der Aktie hängt demzufolge in erster Linie ab von der subjektiven Beurteilung des einzelnen Papiers und damit von den geschätzten Aussichten des einzelnen Unternehmens. Das Verhältnis der kursbezogenen Verzinsung der Aktie zum allgemeinen Zinsniveau spielt bei der Aktie zwar auch eine, aber eine nur untergeordnete Rolle, obwohl – und das ist der bereits erwähnte Gleichschritt – die Aktienkurse insgesamt auch auf Veränderungen des allgemeinen Zinsniveaus reagieren. Die Zinsentwicklung im Lande hat darum auch ihre Bedeutung für den Aktienmarkt, aber nur ergänzend zu anderen Kriterien. Für die Rentenkurse ist das Zinsniveau ausschlaggebend. Das weitere Schicksal der Rentenpapiere hängt von der Zinsentwicklung ab.

Stürmische Börsen

Die Rentenbörse wird entsprechend den volatilen Zinsniveauveränderungen starken Schwankungen ausgesetzt sein, im Grunde aber eine stabile Hausse erleben, weil die Zinsen letzten Endes tief nach unten gehen. Die Hausse gibt es natürlich nur für die Papiere, die überhaupt noch Zinsen zahlen. Das hört in der zunehmenden Krise aber bei manchen Papieren auf, auch wenn es nicht als ein Junk Bond gemeint war.
Die Aktienbörse wird noch viel größere Schwankungen erleben. Der Grundtrend bleibt anfangs nach oben gerichtet, solange das Zinsniveau noch seine Bewegung nach unten fortsetzt. Die Zitter-Hausse wird allerdings immer wieder unterbrochen werden, einmal wegen unerwar-

teter Zinsschwankungen, vor allem aber wegen der zunehmenden Rezessionserscheinungen, wegen der vielen Insolvenzen und der immer deutlicher werdenden krisenhaften Auswirkungen. Die Aktien der überlebenden Gesellschaften werden so lange vom allgemeinen Zinsverfall und von der Attraktivität dieser Allwetterpapiere profitieren, wie noch Dividenden gezahlt werden und wie noch solvente, zahlungskräftige Käufer und Aufkäufer (!) vorhanden sind. Dividendenrückgänge und Dividendenausfälle werden dann aber immer mehr dafür sorgen, daß auch die Aktienkurse wieder auf den Boden der Realität zurückkehren. Das geschieht in großen Schüben an weiteren »schwarzen Freitagen«. Das Auf und Ab und die Gegensätze machen manchen Spekulanten zwar noch reich, zehren aber an der Vermögenssubstanz und an den Nerven der normalen Anleger. Am Ende werden alle ärmer sein, die einen mehr, die anderen weniger, je nach Qualität ihrer Anlage.

Was tun?

Jeder Anleger wird in zunehmendem Maße hin und her gerissen sein zwischen der Aussicht auf leichten Spekulationsgewinn einerseits und der Furcht vor einem neuen »schwarzen Freitag« andererseits. Was soll der Anleger nun konkret tun?
Auf jeden Fall nicht den Kopf in den Sand stecken. Der gesamte Wirtschaftskörper ist krank, insofern können auch seine Börsenorgane nicht gesund sein. Deshalb will ich keine Ratschläge erteilen nach dem Motto: »So meistern Sie den Crash.« Das wäre Unfug.
Doch soll man sich stets vor Augen halten: Die Kursentwicklung der deutschen Aktien entsprach lange Zeit einer bestehenden deflationären Strömung (erkennbar an Insolvenzen und Arbeitslosigkeit). Die vorher inflationär aufgeblasene Bewertung der Aktien wurde nach unten korrigiert, erst ruhig, dann zunehmend mit hektischen Ausschlägen – die schlimmsten in den Oktober-Crashs. Diesen werden auch bei uns noch weitere schwarze Tage folgen wegen der wiederkehrenden Deflation, aber bei uns wird es weniger schlimm als an den noch mehr inflationierten Börsen in New York, vor allem aber in Tokio.

Im übrigen: in Währungen denken! Franken und DM sind besser als alles andere! Arg überschuldete und hochverzinsliche Währungen – welche wohl? – meiden! Alles »Überhitzte« nicht neu anfassen (Junk Bonds und manche Immobilien und Kunstwerke). Aktien ja, aber nur von gering verschuldeten Unternehmen, die keinen entbehrlichen »Luxus« produzieren und die darum den »großen Crash« mit geringen Blessuren überleben – und die Aktionäre mit ihnen.

3 Krisenursachen – Theorie-Defizite und ungelöste Rätsel

Bethmanns »Monetäre Ökonomie«

Mit der Geldfrage hat es angefangen. »Was ist eigentlich das Geld?« Diese Frage ließ mich nicht mehr los. Ich suchte die Antwort durch Nachdenken, nicht durch Nachlesen. Zunächst habe ich die Frage umformuliert und präzisiert: »Was unterscheidet Geld von allen anderen Dingen, vor allem von ›Nicht-Geld‹?« Und: »Was haben ein Geldschein, ein Scheck, ein Sparguthaben, ein Überweisungs- oder Kreditkartenauftrag gemein?« – »Was unterscheidet sie gemeinsam von allen anderen Dingen?« Antwort: »Alles Geld ist immer ein Zahlungsanspruch.«

Diese Antwort fand ich nachträglich, soweit ich überhaupt nachgesucht habe, so nicht in der Literatur bestätigt. Mir genügte aber, daß die Wirklichkeit mir die Richtigkeit dieser Antwort bestätigte, und zwar dadurch, daß sich mit dieser Antwort die ganze Welt des Geldes, der ganze Komplex des Monetären restlos erschließt. Die Antwort mußte stimmen, denn mit dieser Formel wurden alle Voraussetzungen und alle Folgen des Entstehens, des Bestehens und des Vergehens von Geld schlüssig erklärbar. Die Formel erwies sich als ein problemlos passender Schlüssel zur Erklärung der anderen ökonomischen Phänomene, zumeist allerdings in Verbindung mit der Klärung einer anderen scheinbar selbstverständlichen Frage, nämlich der »Preisfrage«. Auch diese Frage, »Was sind Preise und wie entstehen sie?«, fand eine befriedigende Antwort, die sich als gleichfalls problemlos passender Schlüssel erwies. Der Rest ist logische Ableitung, allerdings unter Berücksichtigung der unverzichtbaren Unterscheidung zwischen statisch und dynamisch einerseits und zwischen Quantität und Qualität andererseits. Mit »Rest«

meine ich die Erklärung und Erschließung aller anderen ökonomischen Phänomene, wie etwa die »Nachfrage«, die »Preisbildung«, die »Verzinsung«, schließlich die »Inflation« und die »Deflation« als Erscheinungsformen der Konjunktur; und damit die Konjunktur selbst, dieses dynamische Grundphänomen der privatkapitalistischen Wirtschaft, dessen Mechanismen zu verstehen für die kapitalistische Wirtschaftspolitik von existentieller Bedeutung ist.

Keine von meinen theoretischen Überlegungen und Schlußfolgerungen ist von der etablierten Wissenschaft bisher anerkannt. Das kann sich natürlich sehr plötzlich ändern. Jedenfalls lege ich meine »Monetäre Ökonomie« mit diesem Buch erneut auf den Prüfstand.

Im nachstehenden werden die Grundzüge meiner ökonomischen Theorie in mannigfaltiger Form, thesenhaft und ausführlicher und auf jeden Fall – hoffentlich – leichtverständlich dargestellt.

Nachfrage – Abschied vom Kaufkraft-Mythos

Zur Einstimmung acht zentrale Thesen:

1. Alle Wirtschaft beginnt mit Nachfrage – real und theoretisch.
2. Der Wirtschaftsprozeß besteht aus getätigter Nachfrage.
3. Gegenstand der Nachfrage können nur Güter, Leistungen und Geld sein.
4. Getätigte Nachfrage sind Kauf, Miete und Kredit(aufnahme).
5. »Getätigte Nachfrage« heißt »abgeschlossene« Nachfrage, heißt also Vertragsabschluß über Kauf, Miete und Kredit.
6. Vertragsabschluß heißt Einigung zwischen jeweils zwei selbständig handelnden Wirtschaftssubjekten (Käufer/Verkäufer, Mieter/Vermieter, Kreditnehmer/Kreditgeber).
7. Alle zur getätigten Nachfrage gehörenden Vertragsabschlüsse sind ihrem Inhalt nach Kreditabschlüsse.
8. Jeder Kreditabschluß bringt eine Neuverschuldung für den Käufer, Mieter oder Kreditnehmer (in jedem Fall Schuldner) und zugleich einen neuen (Geld-)Zahlungsanspruch für den Verkäufer, Vermieter oder Kreditgeber (in jedem Fall Gläubiger).

Die Intensität der allgemeinen Nachfrage, die letzten Endes die jeweilige Konjunktur bestimmt, hat überhaupt nichts zu tun mit der quantitativen monetären »Kaufkraft«, also mit der Menge des insgesamt und im einzelnen vorhandenen Geldes. Die (quantitative) Kaufkrafttheorie ist falsch. Sie beruht auf einem Irrtum.

Dafür gibt es mehrere Gründe. Ich nenne den Grund, der am meisten verblüfft: Zum Kaufen braucht man kein Geld. Geld braucht man zum Bezahlen. Kaufen und Bezahlen ist aber zweierlei. Ja noch mehr: Kaufen und Bezahlen sind – monetär betrachtet – sogar Gegensätze. Das erklärt sich so: Bei jedem Kauf entsteht ein Kredit, ein Kredit des Verkäufers für den Käufer. Dieser Kredit ist »neues Geld« in der Hand des Verkäufers. Jeder Kauf bedeutet also eine Geldschöpfung. Beim Bezahlen geht dieser Kredit wieder unter. Bezahlen ist Geldvernichtung. Mit jeder Bezahlung einer offenen Rechnung vermindert sich also die gesamte vorhandene Geldmenge in der Wirtschaft.

Das verblüffende Ergebnis dieser Überlegung heißt also:

● Aus allen Käufen entsteht neues Geld, niemals aber entsteht aus vorhandenem Geld neues Kaufen.
● Jeder Kauf ist zunächst ein Sichverschulden, eine Kreditaufnahme.
● Jede Bezahlung bedeutet Entschuldung und damit Geldvernichtung.
● Jede Bezahlung ist Entschuldung und verkleinert die allgemeine Geldmenge.

Diese Einsichten eröffnen ganz neue Aussichten, einmal für jeden, der sich dafür interessiert, vor allem aber für die verantwortliche Wirtschaftspolitik. Die Wirtschaftspolitik muß endgültig die alte, so plausibel klingende »Kaufkraft«-Formel aufgeben, wonach mehr Geld auch mehr Nachfrage bedeutet. Diese Formel liegt dem noch von aller Welt geteilten Glauben an die berechenbare Wirkung der sogenannten Geldmengensteuerung zugrunde, aus der ja die praktizierte Geldpolitik unverändert entsteht. Nun ist ja diese Formel nicht nur das Credo des Monetarismus, sie begründete gleichermaßen auch die andere große Wirtschaftslehre, die bis in unsere Tage wirksam ist, die Lehre von Lord Keynes mit ihrem als »deficit spending« populär gewordenen Aktionsteil. Beide Lehren – die von Keynes und die von Milton Friedman – beruhen auf der Annahme, daß die Nachfrage abhängt von den verfügbaren Geldmengen. Dabei hatte Keynes zu seiner Zeit noch empirisch recht. Wegen der damals noch viel geringeren Nachfrageelastizität. Der scheinbar enge Zusammenhang zwischen Geld und Nachfrage existiert nicht mehr in der Wohlstandsgesellschaft. Darum sind beide Lehren überholt. Beide Lehren beruhen auf sozialen und gesellschaftlichen Verhältnissen, wie sie noch in der ersten Jahrhunderthälfte bestanden, die sich aber in den entwickelten Industrienationen fundamental verändert haben. Die alte Formel »Erst das Geld, dann das Kaufen« ist zwar schon prinzipiell nicht richtig, trifft aber mehr oder weniger zu in allen noch nicht entwickelten Gesellschaften, in denen die große Mehrheit der Bevölkerung von der Hand in den Mund lebt, also das gesamte Einkommen konsumtiv verwenden muß und gar nicht zum Sparen fähig ist. Sparen konnte früher bei uns auch nur eine kleine Minderheit, deren Alternativentscheidung »Sparen oder Investieren« damals auch folgerichtig als die ausschlaggebende Konjunkturentscheidung angesehen wurde. Das ist alles ganz anders geworden, seitdem die große Mehrheit sparfähig geworden ist, also millionenfach jeden Tag – frei von unaufschiebbaren dringenden Bedürfnissen – vor dieser Alternativentscheidung »Sparen oder Kaufen« steht. Anders ausgedrückt: Die Einkommen haben den Bedarf überholt.

Die Wissenschaft hat diesen epochalen Wandel in der ökonomischen Struktur unserer Gesellschaft nicht nachvollzogen. Noch immer denken und arbeiten wir in Kategorien einer Ökonomie der Armut und der Armutsüberwindung. Diese Ökonomie paßt vorne und hinten nicht mehr zu unserer gesellschaftlichen und ökonomischen Wirklichkeit. Darum muß jede Wirtschaftspolitik, die mit der veralteten Ökonomie arbeitet und rechnet, scheitern. Sie muß in die Irre führen, weil sie den falschen Kompaß und die falsche Wanderkarte besitzt.

Auf unser Thema bezogen ist die wichtigste Schlußfolgerung aus der Erkenntnis von diesen fundamentalen Veränderungen: Weil die große Mehrheit aller Wirtschaftsteilnehmer ökonomisch alternativ entscheidet, also wirklich in gewissen (unterschiedlich weiten) Grenzen disponieren kann, darum wird die Konjunktur heute von ebendiesen Mehrheiten, also praktisch vom ganzen Volk, bestimmt und nicht mehr von einer kleinen Gruppe souverän disponierender Investoren wie früher. Daraus ergibt sich auch folgendes: Wenn – zumindest gedanklich – der Anfang, die Initialzündung, des ökonomischen Prozesses im Bedarf, in der Bedarfsdeckung, liegt, dann

- war dieser Bedarf in der armen Gesellschaft verläßlich berechenbar,
- konnte sich in der armen Gesellschaft die Konjunkturpolitik auf Produktionssteigerungs- (Angebotspolitik) und Einkommenspolitik beschränken,
- war damals ergänzende Steuerung (Globalsteuerung) des Wirtschaftsprozesses unnötig.

Nachfrage und Produktion steuerten sich selbst, sie blieben bei stabilem Zinsniveau im Gleichgewicht. Das ist heute alles ganz anders. Und nicht erst seit heute, vor allem überall da, wo sich ein verbreiteter Wohlstand eingestellt und neues Vermögen aus den Ersparnissen der vielen gebildet hat.

Natürlich hängt diese von mir so als Fortschritt herausgestellte Sparfähigkeit der vielen auch zusammen mit dem vieldiskutierten Phänomen der Bedarfssättigung, und doch ist beides nicht dasselbe. Das liegt an dem schillernden und unscharfen Begriff des Bedarfs. Der Bedarf ist zum einen eine sehr stark subjektiv bestimmte Größe: Dem einen genügt das täglich Brot am Küchentisch ohne Fernsehen, der andere braucht Gänseleber mit Porzellan und Tafelsilber und dazu noch Fernsehen und Videorecorder. Zum anderen ist der Bedarf eine dynamisch von wachsenden Ansprüchen angetrieben sich entfaltende Größe. Stichwort: Der Luxus von heute ist der Konsum von morgen.

Wir haben das alles erlebt. Das erstaunliche ist nun, daß vor allem bei uns in Deutschland der mit ständig steigenden Ansprüchen unentwegt wachsende Bedarf trotz Preisinflation/Geldentwertung immer noch von den noch stärker wachsenden Einkommen überholt wurde. Eine großartige Entwicklung, die man politisch gar nicht hoch genug einschätzen kann, auch wenn man sich Sorgen um den Bestand und um die Werterhaltung der angesparten Vermögen macht, wie ich das tue.

Geld und Geldschöpfung – Ungelöste Alltagsrätsel

1. Alle in einer Volkswirtschaft jeweils bestehenden unerledigten, unbezahlten Zahlungsansprüche (Ansprüche auf Bezahlung, Auszahlung, Rückzahlung) sind »Geld« (ganz unabhängig von der praktischen Verwendbarkeit als Zahlungsmittel).
2. Alles Geld besteht demnach aus individuellen Geldschuldverhältnissen mit jeweils einem Geldbesitzer (Geldgläubiger) und einem Geldschuldner.
3. Neues Geld entsteht (Geldschöpfung) mit jeder neu eingegangenen (vertraglichen) Zahlungsverpflichtung (Neuverschuldung) eines Schuldners gegenüber einem Gläubiger.
4. Geldschöpfung ist immer ein individueller und autonomer Akt, vollzogen zwischen zwei vertragschließenden Wirtschaftssubjekten.
5. Die drei denkbaren Geldschöpfungsakte sind:
   – der Kaufabschluß (Kauf/Verkauf auf Rechnung),
   – der neu gewährte Kredit,
   – die Belastung oder Gutschrift fälliger Zinsen.
6. Geldvernichtung findet nur statt durch Verschwinden des Zahlungsanspruchs.
7. Verschwinden des Zahlungsanspruchs gibt es nur bei erklärtem Verzicht des Geldgläubigers auf seinen Zahlungsanspruch.
8. Der Verzicht des Geldgläubigers auf seinen Anspruch auf Zahlung (Abschreibung/Ausbuchung) findet nur statt:
   – bei Bezahlung,
   – bei definitiver Uneinbringlichkeit der Forderung.
9. Jeder neue Kaufkontrakt ist immer zugleich auch ein neuer Kreditkontrakt.
10. Eine Schlußfolgerung dieser Geldtheorie: Die Summe aller (jeweils noch existierenden) Schulden ist gleich der Summe allen Geldes.

Ein »Alltagsrätsel« habe ich es einmal genannt. Ein ganz vertrautes Ding, das wir doch nicht kennen. Oder wissen Sie, was Geld ist? Wetten, daß Sie es nicht kennen. Oder wissen Sie, wozu Geld gut ist, was Sie damit machen können, wenn Sie etwas davon haben? Möglicherweise wissen Sie noch nicht einmal genau, wozu Sie Geld wirklich gebrauchen können. So würden Sie auf die Frage »Wozu verwenden Sie Geld?« vermutlich antworten: »Zum Kaufen«, und das wäre schon falsch geantwortet.

Es ist schon so, daß niemand genau weiß, was Geld eigentlich ist und was man damit anfangen kann und was nicht. Aber, müssen wir es denn alle so genau wissen? Natürlich nicht!

Wir machen im Ernstfall doch alles einigermaßen richtig mit »unserem« Geld. Sehr viel mehr brauchen wir eigentlich nicht darüber zu wissen. Kein Mensch ist verpflichtet, über das Geld zu philosophieren und tiefgründig über das Wesen dieser Sache nachzudenken. Wenn wir nicht alles wissen, ja sogar, wenn wir irrtümliche und falsche Vorstellungen besitzen, dann ist das gar nicht so schlimm, solange wir in der Praxis einen vernünftigen Gebrauch vom Geld machen. Mag das Mütterchen auch zum Schalter der Bank kommen und den Wunsch äußern, »sein Erspartes zu sehen«, mag jedermann glauben, unser Geld werde von der Deutschen Bundesbank produziert, was gar nicht stimmt. Das macht gar nichts. Das ist kein Unglück.

Ein Unglück ist es allerdings, wenn die Bundesbank selbst glaubt, daß sie Produzent unseres Geldes sei, wenn die Geldfachleute, wenn die Experten selbst keine Vorstellung oder ganz falsche Vorstellungen davon haben, was Geld eigentlich ist, wie es entsteht und vergeht und wie sie die Geldfrage zu behandeln haben. Das muß schlimme Folgen zeitigen. Und so ist es. Die Notenbanken wissen nicht, was Geld ist. Das ist die eigentliche Ursache unserer Lage, es ist die Entstehungsgeschichte unserer Kartenhäuser, es ist der eigentliche Grund für die große Misere, in der sich die Weltwirtschaft befindet.

Ich weiß, es ist kaum zu glauben; und man möchte den, der es behauptet, für verrückt erklären. Es ist aber doch wahr: Die Fachleute, allen voran die Notenbanken, die höchst angesehenen Experten, wissen nicht, was Geld ist.

Ja, was ist denn eigentlich Geld? Ich sage: Alles Geld ist Zahlungsanspruch, Anspruch eines Gläubigers gegenüber einem Schuldner auf Zahlung in Geld. Man kann auch sagen: Alles Geld ist Kredit.

Kredit gründet auf Vertrauen, Vertrauen in die Zahlungsbereitschaft und in die Zahlungsfähigkeit eines Schuldners. Ohne dieses Vertrauen kann kein Kredit bestehen. Ohne dieses Vertrauen kann demnach auch kein Geld bestehen, jedenfalls kein verläßliches, fungibles, übertragbares, austauschbares und beleihbares Geld. Das heißt auch: Der (Nutz-)Wert, die Übertragbarkeit, die Akzeptanz allen Geldes beruht auf der Fiktion, daß letzten Endes alle in Geld ausgedrückten Zahlungsansprüche erfüllt werden.

In einer gesunden Wirtschaft geschieht dies in der Regel auch. Normalerweise gründet sich diese Fiktion auf der praktischen Erfahrung, daß nur ein unbedeutender Bruchteil aller existierenden, als Geld umlaufenden Zahlungsansprüche »irgendwo« nicht erfüllt werden, was dann immer bedeutet, daß irgendein Gläubiger, irgendein Zahlungsanspruchsberechtigter, auf die Erfüllung seines Zahlungsanspruchs verzichten muß. Indem er das tut, indem dieser »Irgendwer« dann »irgendwo« auf die Einlösung irgendeiner Forderung verzichtet, wird dieser Zahlungsanspruch ausnahmsweise vom Gläubiger erledigt, beglichen und damit aus dem Verkehr gezogen.

Der Gesamtbestand an Geldzahlungsansprüchen vermindert sich, der Gesamtbestand wird »bereinigt« durch diese Art der Erledigung eines unerfüllbar gewordenen Teilanspruchs. Diese Bereinigung bedeutet dann immer eine Verbesserung der Qualität des verbleibenden Gesamtbestandes allen Geldes. Die fortlaufende »Erledigung«, Beseitigung aller – aus welchen Gründen auch immer – unbezahlbar werdenden Geldzahlungsansprüche durch die jeweils Anspruchsberechtigten, durch die Gläubiger also, erhält den Substanzwert allen verbleibenden Geldes. Die Erhaltung dieses Substanzwertes dank grundsätzlich berechtigten Vertrauens in die Erfüllbarkeit aller Zahlungsansprüche ist eine Frage des Maßes.

Normalerweise beeinträchtigt der relativ unbedeutende Anteil an »Kreditausfällen« unter allen Geldzahlungsansprüchen die Glaubwürdigkeit und Verläßlichkeit des ganzen Geld-Kredit-Systems, das eine Währung darstellt, nicht, auch wenn durch Überbeanspruchung von Gläubigern einmal größere Kreditketten reißen. Solange es bei lokal begrenzten Ausfällen in nicht zu großen Dimensionen bleibt, besteht keine Gefahr, daß das Vertrauen in das ganze Finanzsystem, in die Haltbarkeit des ganzen aus Geldzahlungsansprüchen bestehenden Kreditgebäudes, erschüttert wird.

Das kann sich ganz plötzlich ändern, wenn ein bestimmtes Maß überschritten wird oder wenn Zweifel an der Zuverlässigkeit oder am Erfolg von öffentlichen Interventionen aufkommen. Umgekehrt kann der erwiesene Erfolg von Interventionen lange Zeit vertrauensstärkend wirken und den Ausbruch einer Vertrauenskrise aufschieben und hinauszögern.

Das bedeutet dann aber nichts anderes, als daß das noch vorhandene Vertrauen in die Haltbarkeit des Kreditsystems inzwischen nicht mehr allein darauf beruht, daß das Ausmaß von Kreditausfällen sich in Grenzen hält und jedenfalls die Kapazität der Verzicht leistenden Gläubiger nicht wesentlich überschreitet. Vielmehr beruht das Vertrauen in einem schwer abzuschätzenden Ausmaß auch auf der mehr oder weniger selbstverständlichen Erwartung, daß Vater Staat durch entsprechende Interventionen für die Begrenzung des Schadens sorgen wird.

Das scheint ein schon alarmierender Zustand. Vor allem ist der allmähliche Abbau der normalerweise das System stützenden Fiktion von der endgültigen Einbringlichkeit praktisch aller Geldzahlungsansprüche und von dem Durchhaltevermögen der betroffenen Gläubiger eine ganz bedenkliche Sache. Man kann nur hoffen, daß diese Fiktion in der Folge von tatsächlich eintretenden Ereignissen nicht gänzlich verschwindet, denn die alleinige Abstützung des Vertrauens in die Handlungsfähigkeit und Entschlossenheit des Staates wäre kein dauerhaft haltbarer Zustand.

Vertrauen ist zwar die Grundlage und existentielle Lebensbedingung für jedes Kreditsystem. Es muß aber letzten Endes begründetes Vertrauen sein. Unbegründetes, in Wirklichkeit nicht gerechtfertigtes Vertrauen ist schlimmer als gar kein Vertrauen.

Wir wissen inzwischen, daß das ursprünglich vorhandene und trotz aller Vorkommnisse der letzten Zeit noch immer überwiegend intakte Vertrauen in die definitive Erfüllbarkeit der allermeisten Zahlungsansprüche in zu hohem Maße beklagenswerterweise nicht mehr gerechtfertigt ist.

Preise und Preisbildung

Die traditionelle Volkswirtschaft sieht die Nachfragefunktion und die Angebotsfunktion als die zwei bestimmenden Komponenten der Preisbildung. Danach bildet der Schnittpunkt der Nachfrage- und Angebotskurve den Gleichgewichtspreis. Ich halte diese Erklärung für zumindest unzureichend. So komme ich zu meiner Preistheorie: Alle Preisbildung ist Bestandteil und Ergebnis einer realisierten Nachfrage. Ohne neuen Kauf- bzw. Leihabschluß entsteht kein neuer Preis. Jeder Kaufabschluß (realisierte Nachfrage) kommt erst durch den »Zuschlag« des Käufers zustande. Die Käufer bzw. Kreditnehmer entscheiden mit ihrem »Zuschlag« sowohl über das Zustandekommen des Kauf- oder Kreditvertrags selbst als auch über sein Volumen und über seinen »Wert«, seine Bewertung.

Die Käufer und Kreditnehmer sind mit ihrer Entscheidung demnach die eigentlichen Geldschöpfer und Preisbildner.

Über neues Geld und über neue Preise wird letzten Endes von ihnen entschieden, freilich jeweils mit Zustimmung der Partner, der Verkäufer beziehungsweise Kreditgeber, eine Zustimmung, die aber in der Regel schon Bestandteil des Angebots ist und keiner neuen Entscheidung bedarf. Jeder neue Preis wird nach vollzogenem Kauf- oder Kreditakt sofort Bestandteil des vorhandenen Preisniveaus, dessen Höhe damit auch von jedem neu gebildeten Preis beeinflußt wird.

Preise und Preisbildung sind als »Bewertungen« qualitative Phänomene, im Unterschied zu allem »Gemessenen« wie Menge, Gewicht und Größe. Preise sind darum auch völlig unabhängig von meßbaren Indizes wie Menge, Volumen und Größe. Preisveränderungen können darum auch nichts mit Veränderungen in Volumen und Menge zu tun haben und umgekehrt.

Preisveränderungen vollziehen sich völlig unabhängig von allen quantitativen Veränderungen in der Wirtschaft, ganz gleich, ob es sich bei den Veränderungen um quantitative Veränderungen in den Beständen, im Angebot oder in der Nachfrage handelt. Kein »Mehr«, ob im Bestand, ob im Angebot oder in der Nachfrage, führt zwingend zu einer Veränderung der Preise, egal, in welche Richtung. Nicht auf das Volumen des

Vorhandenen kommt es an, sondern auf die Preisvereinbarung in jedem einzelnen Fall, und diese einzelne Preisvereinbarung hat nichts mit dem Volumen der umgesetzten Menge zu tun.

Ohne strikte Beachtung dieser fundamentalen Unterschiedlichkeiten muß jeder Versuch einer richtigen Beurteilung des ganzen ökonomischen Datenkranzes in die Irre gehen. Ohne Beachtung dieser Unterschiedlichkeiten werden auch alle Versuche des politischen Eingreifens in den Wirtschaftsprozeß zumindest unberechenbar bleiben, wenn sie nicht gar wegen der Nichtbeachtung dieses Unterschieds zu glatten Fehlschlägen werden.

Weil Preisveränderungen nichts mit der Menge des Umgesetzten zu tun haben,

- entwickeln sich auch die Zinsen ganz unabhängig vom Volumen des umgesetzten als auch des neugebildeten Geldes und Kapitals,
- hat die Zinsentwicklung mit der quantitativen »Inanspruchnahme« des Kapitalmarkts nichts zu tun,
- gibt es also beispielsweise auch kein »crowding out« mit zinstreibender Wirkung.

Wegen des qualitativen Charakters aller Preisentwicklungen führt auch der Begriff der »Knappheit« als Moment oder Motiv der Preisbildung in die Irre, weil Knappheit ein quantitativer Begriff ist. Es ist weder eine tatsächliche noch eine vermutete Knappheit, was die Käufer und Kreditnehmer unmittelbar veranlaßt, beim Vertragsabschluß höhere Preise oder Zinsen zu akzeptieren. Abgesehen davon, daß niemand über das tatsächliche Volumen des Angebots informiert sein kann, wirken auch Vermutungen über die mengenmäßigen Angebotsverhältnisse nie direkt auf das Verhalten der Käufer ein, sondern immer nur indirekt über dadurch ausgelöste Preisspekulationen – und dies ist ein qualitatives Moment.

Der Ablauf der Entscheidungsfindung sieht folgendermaßen aus:

- Bei vermuteter Knappheit wird Preisanstieg erwartet.
- Bei vermutetem reichlichen Angebot wird Preisverfall erwartet.

Dieser (Preis-)Spekulation entsprechend variiert die Preisakzeptanz der Käufer, und zwar folgendermaßen: Die Vermutung bevorstehender Knappheit führt zur Erwartung steigender Preise, und dies verstärkt die Bereitschaft, höhere Preise zu akzeptieren. Folgerung: Jede Preisakzeptanz und damit jede Preisbildung wird als ein qualitatives Phänomen ausschließlich von qualitativen Überlegungen bestimmt. Letzten Endes sind es nur Preiserwartungen, die die Preisbildung bestimmen.

Damit wird das »Gesetz von Angebot und Nachfrage« als Erklärung des Preisbildungsprozesses zumindest relativiert. Jedenfalls darf es nicht als ein »Mengen«-Gesetz verstanden werden. Es gibt keine mengenabhängige Automatik der Preisbildung. Weil jede individuelle Preisbildung von Entscheidungen eines individuellen Käufers oder Kreditnehmers abhängig ist, der seine Entscheidung von (qualitativen) Preisspekulationen abhängig macht, bleibt der Satz »Die Preisbildung vollzieht sich nach Angebot und Nachfrage« zumindest irreführend. Er sollte durch den Satz ersetzt werden: »Die Preisbildung vollzieht sich – im einzelnen und im ganzen – nach der jeweils vorhandenen Preistrenderwartung.« Dieses Preisbildungsgesetz gilt für alle Preise, ob Kauf- oder Mietpreise. Zu den Preisen gehören im einzelnen:

- alle Preise und Kurse für gekaufte Güter, Leistungen, Rechte, Anteilscheine und Geld,
- alle Mietpreise für geliehene Güter, Leistungen und Rechte,
- alle Zinsen (als Mietpreis) für geliehenes Geld und Geldkapital.

Alles, was sowohl käuflich als auch ausleihbar ist, hat zwei Preise, einen Kaufpreis und einen Mietpreis. Die Gesetze der preisbestimmenden Spekulation gelten für alle Preisarten, also auch für alle überhaupt denkbaren Preise einer Sache. Die Erwartung steigender Mietpreise beispielsweise erhöht die Bereitschaft, heute für einen möglichst langen Zeitraum zu mieten, verringert aber die Bereitschaft, das Objekt heute bei gebundenen, noch niedrigen Mieten zu kaufen. Die Erwartung steigender Kaufpreise für die Sache erhöht die Bereitschaft, die Sache heute zu einem »noch niedrigen Preis« zu kaufen.

Auch alles Geld hat zwei Preise, einen Mietpreis, nämlich die Verzinsung, und einen »Kaufpreis«, zum Beispiel in Gestalt eines Börsenkurses für ein festverzinsliches Papier. Zwischen Kaufpreis und Mietpreis, also zwischen Kurs und Zins, gibt es eine starre Wechselbeziehung. Steigen die Mietpreise allgemein, dann fällt das spezielle Kaufpreis- oder Kursniveau und umgekehrt. Die Entwicklungen sind gegenläufig. Weil aber für beide Preise das Gesetz der Preisbildung aus Preisspekulation gilt, hängt die tatsächliche Entwicklung davon ab, welche der beiden Spekulationen jeweils den größeren Einfluß auf die Preisbildung ausübt. In der Regel wird dies im Kapitalmarkt die Kursspekulation sein. Es hat aber schon oft Phasen gegeben, in denen die Zinsspekulation den Ausschlag gab, immer dann, wenn ein recht eindeutiger Zinstrend vorhanden war.

Geld- und Geldkapital haben aber – wohl einzig unter allen Gütern – außer Kaufpreis und Mietpreis (Zins) unter Umständen noch einen dritten Preis, den Wechselkurs (einen »Außenpreis«). Der Wechselkurs ist auch ein Kaufpreis, der Kaufpreis des Geldes in einer anderen Währung, wenn aus dem Geld eine »Devise« wird, ein Geld in fremder Währung. Natürlich gelten die Gesetze der Preisbildung aus Spekulation auch für diesen Preis, für den Wechselkurs, dessen Höhe im Devisenhandel von den Devisenkäufern gebildet und bestimmt wird. Der internationale Geldhandel in verschiedenen Währungen kennt also drei Preisentwicklungen und wird dementsprechend auch von drei verschiedenen Preiserwartungen beeinflußt.

Die internationale Entwicklung von Zinsen, von Börsenkursen und von Wechselkursen ist nur erklärbar unter Berücksichtigung der geschilderten Preisbildungsgesetze. »Es ist noch ein weiter Weg, bis wirklich richtig verstanden wird, was Devisenkurse bewegt«, hieß es einmal in der »Frankfurter Allgemeinen Zeitung« zur Dollarfrage. Es sieht tatsächlich so aus. Ein »weiter Weg« zur Erkenntnis? Das muß nicht sein. Es ist wirklich nicht so schwer zu verstehen, »was Devisenkurse bewegt«.

Bei der »Devise« geht es im Grunde auch nur um die zwei üblichen Preise, um den Mietpreis, sprich die Verzinsung, und um den Kaufpreis, nämlich den Wechselkurs. Zwischen diesen beiden Preisen gibt es die gleiche Wechselbeziehung wie bei den festverzinslichen Wertpapieren.

Steigt das Mietpreis- oder Zinsniveau, dann fällt das Kaufpreis- oder Kursniveau – und umgekehrt. Andererseits bewegen sich die beiden Preisniveaus innerhalb der einzelnen Währungen nach eigenen Gesetzen, davon bestimmt, wie sich der »Wert« des Geldes entwickelt. Je wertvoller das Geld wird, desto höher geht der Kurswert, und desto niedriger wird die »Miete«, desto tiefer fallen die Zinsen.

Was aber ist in diesem Zusammenhang der »Wert« des Geldes, der objektive Wert, ganz unabhängig von der Kursbildung? Auch hier gibt es wieder zwei verschiedene »Werte«, als Ergebnis der Anwendung von zwei Bewertungsmaßstäben. Der eine Bewertungsmaßstab ist die relative Kaufkraft des Geldes, mit anderen Worten, die relative Preisstabilität. Relative Preisstabilität ergibt sich aus der Dauerhaftigkeit des realen Gegenwerts für eine bestimmte nominale Währungseinheit; wenn ich also morgen und übermorgen noch das gleiche für den gleichen Nominalbetrag kaufen kann. Diese »Kaufkraft«-Frage ist die Preisstabilitätsfrage. Sie ist jedermann geläufig. Sie ist bekannt. Jeder versteht sie. Der »Kaufkraft«-Wert des Geldes sinkt, wenn das allgemeine Preisniveau für Güter und Leistungen steigt, er steigt, wenn das allgemeine Preisniveau fällt.

Wenn also die Kaufkraft einer Währung sinkt, muß auch der Kaufpreis für das Geld selbst, muß auch der »Außenpreis« dieser Währung abnehmen. Der Kaufpreis »von außen« ist der Wechselkurs, der Devisenkurs. Er ist der Kaufpreis in einer anderen Währung. Nun hat aber diese andere Währung selbst auch einen wechselnden Kaufkraftwert. Auch deren relative Kaufkraft spielt eine Rolle bei der Bewertung der Devise. Darum lautet die richtige Formel: Wenn die Kaufkraft einer Währung stärker absinkt als die Kaufkraft der Vergleichswährung beziehungsweise der Währung, mit der die Devise bewertet und bezahlt wird, dann müßte der dazugehörige Wechselkurs fallen.

Das ist die klassische Bewertung nach Kaufkraftparitäten. In der Regel liegt den Wechselkursen dieser Vergleich von Kaufkraftparitäten zugrunde, aber keineswegs immer und heutigentags ganz eindeutig schon lange nicht mehr! Der Dollarkurs (in DM) liegt heute ohne Frage unter der Kaufkraftparität. Nach der Kaufkraftparität müßte er einen Kurs von über 2 DM besitzen. Der Wechselkurs liegt aber schon lange tief darunter, und er tendiert weiter nach unten. Warum? Es muß noch einen anderen Maßstab der Bewertung des Geldes geben, und den gibt es tatsächlich.

Die andere, die ganz andere Bewertung des Geldes ist die Einschätzung seiner »Bonität«, ist die Beurteilung seiner »Einbringlichkeit«, seiner Kreditqualität. Man könnte auch von »Deckung« sprechen. Und mit der Bonität ist es heutzutage nicht weit her, und Vater Staat tut sich da als größter Sünder hervor. Wußten Sie beispielsweise, daß von den zwölf EG-Ländern nur vier in die oberste Kreditwürdigkeitskategorie eingestuft werden? Nur Frankreich, Holland, Großbritannien und Deutschland erhalten bei den Bewertungsagenturen »Moody's Investors Service« und »Standard & Poor's« das »dreifache A«, die höchste Wertung. Die Weste der anderen EG-Staaten besitzt schon einige Flecken.

Die Kreditqualität des Geldes hängt ab von der Zahlungsfähigkeit all derer, die in diesem Geld verschuldet sind. So vermindert sich der Kurswert allen vorhandenen Geldes um die Bestände an Geldforderungen, die uneinbringlich geworden sind und darum ausgebucht werden müssen. Alle uneinbringlich und damit wertlos gewordenen Geldforderungen sind ungedeckten Schecks vergleichbar, die nicht mehr eingelöst werden können.

Solange die ungedeckten Schecks in einer Wirtschaft und damit im Gesamthaushalt des Geldes die Ausnahme bleiben, ist das ganze Finanzgebäude stabil und ist auch der gesamte Geldbestand werthaltig. Der Wert allen Geldes, der innere Wert einer Währung, nimmt aber in dem Maße ab, wie die Häufigkeit der »ungedeckten Schecks«, wie das Volumen der verlorenen Kredite stärker zunimmt. Der Außenkurs einer Währung mit zu vielen »ungedeckten Schecks« muß, in einer »besseren« Währung gemessen, nach unten gehen, er muß tiefer und tiefer fallen.

So auch der Dollarkurs. Im Dollar gibt es viel zu viele ungedeckte Schecks. Das ist meine Erklärung zum Dollarkurs, und es ist zugleich die Begründung meiner These von der Überbewertung des Dollar und die Begründung meiner Prognose, daß der Dollar – wegen seiner inneren Schwäche – noch tüchtig fallen muß.

Ist die Konjunktur berechenbar?

1. Die Entwicklung der Wirtschaft, die Konjunktur, wird bestimmt von der Häufigkeit und vom Volumen der in einer bestimmten Zeitspanne vollzogenen Neuverschuldungsakte (Kaufverträge/Kreditverträge).
2. Jeder einzelne Akt der Neuverschuldung (aus Kauf oder aus Kreditaufnahme) wird entschieden von dem, der sich neu verschuldet, also von dem Käufer oder Kreditnehmer.
3. Darum wird die Konjunktur bestimmt von der relativen Verschuldungsbereitschaft der potentiellen Käufer und/oder Kreditnehmer.
4. Die relative Verschuldungsbereitschaft der potentiellen Käufer und Kreditnehmer wird tendenziell bestimmt von der Preistrenderwartung und/oder Zinstrenderwartung jedes einzelnen dieser potentiellen Käufer und Kreditnehmer.
5. Preissteigerungserwartung verstärkt, Preisverfallerwartung vermindert die Verschuldungsbereitschaft.
6. Weil immer Preis- oder Zinstrenderwartungen die relative Verschuldungsbereitschaft potentieller Käufer und Kreditnehmer bestimmen, darum wird die Konjunktur selbst bestimmt von der jeweils überwiegenden, der mehrheitlich vorherrschenden Preis- oder Zinstrenderwartung unter den potentiellen Käufern und Kreditnehmern.
7. Wenn von der Mehrheit weiter steigende Preise/Zinsen erwartet werden, steigt insgesamt die Nachfrage, wenn von der Mehrheit fallende Preise/Zinsen erwartet werden, sinkt die Nachfrage.
8. Kurzformel: Aussicht auf Verteuerung belebt die Konjunktur, Aussicht auf Stabilität oder gar auf Verbilligung dämpft die Konjunktur.

Mein aus Geldtheorie und Preistheorie abgeleitetes Konjunkturtheorem: Die Konjunktur wird bestimmt von der jeweils vorherrschenden Zinstrenderwartung.

Die »unsichtbare Hand« des Adam Smith (die das Marktgeschehen steuert und aus konkurrierendem Eigennutz Gesamtnutzen hervorbringt) ist nichts anderes als die jeweils vorherrschende Preisniveauspekulation der Mehrheit in der Gesamtwirtschaft.

Viele Wissenschaftler sind sich über das Wesen der Konjunktur uneins. Konjunktur beginnt – wie alles andere – mit Nachfrage. Um es simpel zu formulieren, die Konjunktur ist nichts anderes als die mehr oder minder starke Nachfrage, die »relative« Nachfrage, und zwar – ganz wichtig – die Nachfrage der vielen (heute!), die Nachfrage der großen Mehrheit aller, der Mehrheit der Konsumenten und der Investoren, der private Konsum und die Unternehmerentscheidungen. Diese Gesamtnachfrage – und zwar die getätigte, realisierte Nachfrage – bestimmt die Konjunktur.

Der marktwirtschaftliche Entwicklungsprozeß, also die Konjunktur, gehorcht einer verborgenen Steuerung nach den Gesetzen einer makroökonomischen Kybernetik. Aufgabe der Konjunkturpolitik ist es, die Gesetze der makroökonomischen Kybernetik durch eine bewußte, zielorientierte globale Außensteuerung zu nutzen (Globalsteuerung). Konjunkturpolitische Globalsteuerung erfolgt über den offengelegten Zinsniveautrend. Damit wird die konjunkturpolitische Globalsteuerung zur Hauptaufgabe der Geldpolitik.

Die Konjunktur ist das Ergebnis, besser die Summe aller getätigten Nachfrage nach Gütern, Leistungen und Krediten. Getätigte Nachfrage, das sind alle neu abgeschlossenen Kauf- und Kreditkontrakte. Konjunkturschwankungen folgen somit den Schwankungen der getätigten Nachfrage in ihrer Intensität (nachgefragtes Volumen in bestimmter Zeit). Stabile Konjunktur und ausgewogenes Konjunkturwachstum, das ist getätigte Nachfrage, die im Volumen nicht wesentlich und nicht dauerhaft über den Rahmen des Produktionsfortschritts hinausgeht.

Preisbildung durch getätigte Nachfrage – der neue Preis als Gegenstand des Kauf- oder Kreditkontraktes – ist zunächst nur ein qualitativer Vorgang (»Bewertung« des Kontrahierten), allerdings auch mit quantitativer Auswirkung durch Veränderung des ganzen Preisniveaus. Beispiel: Ein einziger Aktienkauf zu einem gegenüber gestern höheren Kurs erweitert das Volumen und »vermehrt« somit den Gesamtbestand aller vorhandenen Aktien.

Die quantitative Erweiterung der Bestände an »offenen Rechnungen«, der Zuwachs an Geld- und Schuldenvolumen durch »vermehrte« Nachfrage bleiben zunächst weitgehend unsichtbar. Diese Volumenserweiterungen gehen verspätet und nach und nach erst aus Umsatzmeldungen hervor. Die qualitative Veränderung, also die Preisniveauveränderung aufgrund neu abgeschlossener Kauf- und Kreditkontrakte, wird dank tagesaktueller Preisspiegel von den wichtigsten Märkten und dank entsprechender Berichterstattung (Börsenkurse, Benzin- und Lebensmittelpreise) fast ohne Verzögerung sichtbar, die oben geschilderte spätere, auch quantitative Auswirkung von Preisniveauveränderungen teilweise erst sehr viel später (Neubewertung der Bestände).

Alle konjunkturrelevanten neuen Kauf- und Kreditverträge werden zwischen je zwei kontrahierenden Wirtschaftsteilnehmern in den partnerschaftlichen Rollen des Verkäufers und Käufers oder des Kreditgebers und Kreditnehmers abgeschlossen. Niemand kann allein handelnd Konjunktur machen. Es gehören immer zwei dazu, zwei in entgegengesetzten Rollen.

Die Funktionen der Vertragschließenden sind aber nicht nur »entgegengesetzt«, auch nicht nur unterschiedlich in ihrem Charakter (Unterschiede zwischen Anbieter und Nachfrager, später zwischen Schuldner und Gläubiger), sie sind auch unterschiedlich in ihrer Bedeutung für das Zustandekommen des Vertrags, unterschiedlich in ihrer Bedeutung für das »Abschließen«.

Die letzte Entscheidung über den Abschluß liegt immer beim Nachfrager, beim späteren Schuldner, nie beim Anbieter. Der Anbieter hat seine Entscheidung über sein Angebot immer schon vorher getroffen (vorher auch dann, wenn es sich beim zähen Verhandeln nur um Sekunden vor dem Abschluß handelt). Die Entscheidung des Verkäufers, die Entscheidung über Größe und Preis seines Angebots, bewirkt aber – für sich allein – nichts, diese Entscheidung verändert nichts. Erst die letzte Entscheidung des Käufers, seine Annahme des Angebots, bewirkt etwas, erst sein »Zuschlag« bringt den Vertragsabschluß mit allen seinen Folgen und Auswirkungen.

Die Unterschiedlichkeit der Rollen ist von großer Bedeutung für die Konjunkturtheorie und damit natürlich auch für die Konjunkturpolitik. Die Unterschiedlichkeit der Rollen beim Kauf- und Kreditkontrakt bedeutet: Letzten Endes sind es immer nur die Käufer und Kreditnehmer, die

- über die Konjunktur entscheiden,
- Maß und Umfang der Geldschöpfung bestimmen,
- alle Preisveränderungen (Kurs-, Zinsveränderungen) bewirken.

Das alte Gesetz von Angebot und Nachfrage bedarf wie gesagt der Präzisierung,

- weil weder Angebot noch Nachfrage quantitativ erfaßbare Größen sind,
- weil es keine Gleichrangigkeit zwischen Angebot und Nachfrage gibt,
- weil es bei dem »Ausgleich« zwischen Angebot und Nachfrage im konkreten Fall sowohl um quantitative Veränderungen (Geld beziehungsweise Schulden) als auch um qualitative Neubestimmungen (Preisbildung) geht,
- weil deshalb die mathematische Berechenbarkeit des so simpel formulierten Gesetzes und seiner Folgen in Frage gestellt ist.

Wenn wir den Prozeß der Konjunkturverursachung offenlegen könnten, dann wäre die Konjunktur von gestern und heute schlüssig zu erklären. In dem Maße, wie wir die gegenwärtigen konjunkturverursachenden Daten kennen, können wir auch den weiteren Konjunkturverlauf – allerdings nur für eine begrenzte Zeit – vorausberechnen, voraussagen und steuern. Das wäre wirklich ein großer Gewinn. Wie sind die Aussichten für einen solchen Fortschritt in der Konjunkturtheorie?
Mit der Konjunktur ist es wie mit dem Wetter. Je mehr wir über die Wirkungszusammenhänge wissen und je aktueller und präziser wir die wichtigsten statischen und dynamischen Daten ermitteln können, desto schlüssiger erklärbar, desto verläßlicher voraussagbar sind die jeweiligen Wetterlagen und Entwicklungen. Beim Wetter müssen wir wissen, in welcher Kausalitätsfolge sich Veränderungen von Luftdruck, Temperatur, Luftfeuchtigkeit und Windrichtung auswirken, und wir müssen die jeweils aktuellen Meßdaten und ihre Veränderungstrends kennen. Die Wetterkunde ist heutzutage im Wissen und im Messen so weit entwik-

kelt, daß zumindest für zwei bis drei Tage im voraus recht präzise Voraussagen gemacht werden können. Die Wetterberichte sind verläßlicher geworden. Ein großer Fortschritt.

Anders in der Konjunkturkunde. Die Konjunkturtheorie ist gegenüber der Meteorologie erheblich im Rückstand. Das hat zwei Ursachen. Einmal sind die Kausalitätsfragen im Wirtschaftsprozeß noch weitgehend ungeklärt, zumindest sind sie sehr umstritten. Zum anderen: Der eigentliche Verursacher der Konjunktur ist noch unentdeckt geblieben. Darum kann dieser ausschlaggebende Verursacher der Konjunktur bisher auch gar nicht gemessen und ermittelt werden. In Verkennung seiner Bedeutung interessiert sich niemand für ihn. Befriedigende Erklärungen der Entwicklung von gestern und verläßliche Voraussagen zur Konjunktur von morgen gibt es so nicht. Die Konjunkturforschung steckt immer noch in den Kinderschuhen. Das ist ein völlig unbefriedigender Zustand. Dies muß sich ändern! Dies kann sich auch ändern. Wir können nämlich sehr wohl den Hauptverursacher der Konjunktur kennen, nennen und beschreiben. Und wir können auch die jeweils aktuellen Daten dieses Hauptverursachers jederzeit ermitteln. Darum können wir auch den aktuellen Konjunkturtrend analysieren und – wenigstens kurzfristig – absolut verläßliche Konjunkturprognosen tätigen. Die Konjunktur ist berechenbar.

Nur eine kühne Behauptung? Diese These von der Berechenbarkeit der Konjunktur stützt sich auf meine Konjunkturlehre: Die Konjunktur wird bestimmt von der jeweils gegenwärtig unter allen Wirtschaftsteilnehmern vorherrschenden Zinstrenderwartung.

Die Aussage der These beruht auf logischen Schlußfolgerungen aus nachweisbaren kausalen Zusammenhängen im Wirtschaftsprozeß. Die Richtigkeit dieser logischen Schlußfolgerungen kann inzwischen auch empirisch belegt werden.

Die logische Beweisführung im einzelnen ergibt sich aus der Beantwortung folgender Fragen:

1. Was ist Konjunktur?
2. Wer »macht« Konjunktur?
3. Was bestimmt das Verhalten der »Konjunkturmacher«?

Zu 1. Was ist Konjunktur?

Unter Konjunktur soll hier die relative Dynamik des wirtschaftlichen Prozesses verstanden werden. Weil der wirtschaftliche Prozeß aus der Summe allen wirtschaftlichen Handelns besteht – des Handelns im Sinne des Agierens, des Abschließens –, wird die Dynamik des Wirtschaftsprozesses von der Zahl und von dem Volumen aller ökonomischen Aktionen innerhalb einer bestimmten Zeitspanne bestimmt. Nun gibt es nur zwei Grundformen wirtschaftlichen und damit konjunkturbestimmenden Handelns. Das eine ist das Kaufen, das andere ist das Leihen. Beides vollzieht sich in individuellen Vertragsabschlüssen zwischen jeweils zwei Partnern. Die relative wirtschaftliche Dynamik wird also bestimmt von der Häufigkeit, von der »Dichte« und auch vom Volumen der in einem bestimmten Zeitraum abgeschlossenen Kauf- und Leihverträge.

Zunehmende Häufigkeit und wachsendes Volumen der abgeschlossenen Kauf- und Leihverträge bedeuten Konjunkturbelebung. Abnehmende Häufigkeit und langsamer wachsendes Volumen oder sogar abnehmendes Volumen der Kauf- und Leihvertragsabschlüsse bedeuten Konjunkturverlangsamung.

Das Gemeinsame am Kaufen oder Leihen ist der Umstand, daß die jeweiligen Abschlüsse zwar immer das Vorhandensein von Angebot und Nachfrage zugleich zur Voraussetzung haben, daß sie aber immer nur durch die getätigte Nachfrage realisiert werden. Das heißt: Ohne tätig werdende Nachfrage gibt es keine neuen Kaufabschlüsse, keine neuen Leihverträge beziehungsweise Kreditabschlüsse. Darum kann man die realisierten Abschlüsse auch in allen Fällen als »realisierte Nachfrage« oder als »getätigte Nachfrage« bezeichnen. Darum die Kurzformel: Konjunktur ist die Zahl und Menge der in einem bestimmten Zeitraum getätigten Nachfrage.

Zu 2. Wer »macht« Konjunktur?

Aus dem eben Gesagten folgt, daß derjenige die Konjunktur macht, der die Nachfrage tätigt. So ist es. Das wird aber keineswegs von allen so gesehen. Weil getätigte Nachfrage sich immer in einem Vertrag zwischen zwei Wirtschaftssubjekten vollzieht, wird von der etablierten ökonomischen Lehre unkritisch angenommen, beide Kontrahenten des Vertragsabschlusses seien gleichermaßen entscheidend für den jeweiligen Vertragsabschluß; beide seien somit auch gleichermaßen die »Macher« der Konjunktur. Das alte »Gesetz« von Angebot und Nachfrage scheint das auch so auszudrücken.

Das ist aber ein Irrtum. Bei genauerem Hinsehen wird man feststellen müssen, daß bei Vertragsabschlüssen zwischen zwei Partnern, die eine ganz unterschiedliche, ja eine gegensätzliche Rolle spielen, letztlich nur die eine Seite über den Abschluß durch Zuschlag entscheidet. Das gilt ganz eindeutig für alle Abschlüsse von Kauf- und Leihverträgen. Hier gibt es zunächst die völlig entgegengesetzten Rollen des Anbieters und des Nachfragers.

So richtig es ist, daß kein Nachfrager ohne vorhandenes Angebot abschließen kann, also Nachfrage »tätigen« kann, so richtig ist es andererseits, daß jeder Abschluß letzten Endes nur durch das Handeln und Entscheiden des Nachfragers überhaupt zustande kommt. Die Nachfrager sind es, die abschließen, nicht die Anbieter. Die Entscheidung der Nachfrager bestimmt jeden Abschluß. Die Nachfrager, und nur sie, sind darum die eigentlichen »Konjunkturmacher«.

Insgesamt ist also alle getätigte Nachfrage abhängig von der Entscheidungsbereitschaft der Nachfrager abzuschließen. Damit wird die Entscheidungsbereitschaft der Nachfrager zum bestimmenden Faktor für alle getätigte Nachfrage und damit für die Dynamik des Wirtschaftsablaufs, also für die Konjunktur. Es gilt der Satz: Die Konjunktur wird von den Entscheidungen der Nachfrager bestimmt und damit von deren relativer Entscheidungsbereitschaft.

Wenn dies richtig ist, dann muß jetzt die Frage interessieren, wovon diese relative Entscheidungsbereitschaft der potentiellen Nachfrager beeinflußt wird. Was bestimmt also die relative Nachfragebereitschaft?

Zu 3. Was bestimmt das Verhalten der »Konjunkturmacher«?

Was veranlaßt die Nachfrager, zu bestimmten Zeiten relativ mehr nicht nur nachzufragen, sondern mehr Abschlüsse zu tätigen, in anderen Zeiten dagegen relativ weniger? Nur wer dahinterkommt, nur wer diese Frage richtig beantwortet, kann zutreffende Konjunkturprognosen und dann auch überlegte gezielte Konjunkturpolitik (durch mögliche Beeinflussung der relativen Nachfragebereitschaft) machen. Um das Verhalten der Nachfrager richtig zu beurteilen, müssen wir wieder recht pedantisch vorgehen. Wie sieht eine Nachfrageentscheidung, also eine Kaufentscheidung beziehungsweise eine Kreditaufnahmeentscheidung, im einzelnen aus? Welche Faktoren bestimmen den Nachfrager, jeweils einen Abschluß zu tätigen, auf ein vorliegendes Angebot definitiv einzugehen?

Da ist unzweifelhaft zunächst einmal als wichtigster Faktor der sogenannte Bedarf. »Sogenannter«, weil wir genau wissen, daß der Bedarf eine ganz unscharfe, eine sich ständig verändernde und eine sehr individuelle Größe darstellt. Von der Deckung der existentiellen Grundbedürfnisse wie Essen, Trinken, Kleiden, Wohnen, was seinerseits schon eine große Spannweite umfaßt, reicht der Bedarf bis zur Erfüllung von Luxusansprüchen. Für die Beantwortung der Frage nach dem relativen Nachfrageverhalten brauchen wir zum Glück aber keine Untersuchung anzustellen über Struktur und Zusammensetzung des Gesamtbedarfs. Es genügt völlig, zwei allerdings sehr wichtige neue Erkenntnisse über die Bedarfsentwicklung in einer immer »reicher« gewordenen Volkswirtschaft festzuhalten:

1. Die Entwicklung des Gesamtbedarfs ist in der Wohlstandsgesellschaft praktisch unabhängig geworden vom quantitativen Angebot. Das heißt, der der Nachfrage zugrunde liegende objektive und subjektive Bedarf verändert sich nicht infolge von auftretenden relativen Knappheiten im Gesamtangebot. Alle Veränderungen gründen sich meist auf Veränderungen auf der Nachfrageseite selbst und beruhen im wesentlichen auf modischen, geschmacklichen Entwick-

lungen und auf einem ständigen Heraufsetzen der Standards. Der Luxus von heute ist der Konsum von morgen.

2. Wegen der Unabhängigkeit des Bedarfs vom quantitativen Angebot und wegen der Fülle des Angebots selbst, vor allem aber wegen des immer unbedeutender gewordenen Anteils der Grundbedürfnisse, dem ein ständig gewachsener und weiter wachsender Anteil von verzichtbarem Bedarf oder von Bedarf an eher Entbehrlichem entspricht, ist eine nie dagewesene Flexibilität der Nachfrage eingetreten. Es kommt hinzu, daß der Faktor Zahlungsfähigkeit, der in der Armutsgesellschaft natürlich eine große Rolle für die getätigte Nachfrage gespielt hat, diese Rolle in der Wohlstandsgesellschaft verloren hat. Sowohl die potentielle als auch die getätigte Nachfrage haben heute – aufs Ganze gesehen – mit der individuellen Zahlungsfähigkeit überhaupt nichts mehr zu tun.

Die Unabhängigkeit der Nachfrage von der Zahlungsfähigkeit der Wirtschaftssubjekte, also von ihrer Geldausstattung, ist ja an einem, übrigens historisch ganz jungen Phänomen eindeutig abzulesen, nämlich an der erwiesenen Sparfähigkeit der vielen. Wer in der Lage ist, auch nur ein wenig abzuzweigen und nicht zur Bezahlung der durch den getätigten Konsum entstehenden Schulden einzusetzen, der ist in Höhe und Struktur seiner Nachfrage unabhängig von seiner finanziellen Ausstattung, dessen Nachfrage hat nichts mehr mit seiner in Geldvermögen und Geldeinkommen steckenden quantitativen »Kaufkraft« zu tun.

Wenn nun die Nachfrage weder von der relativen Fülle des Angebots noch von der relativen Stärke der Geldausstattung der Nachfrager abhängt, wovon kommen die so markanten und für die Wirtschafts- und Konjunkturpolitik so ärgerlichen Schwankungen in der Gesamtnachfrage? Sind diese Schwankungen als gottgewollte Zyklen hinzunehmen? Sind sie mithin ein unlösbares Rätsel der Marktwirtschaft? Haben sie etwas mit schwankender Wirkung der Werbung, vielleicht gar etwas mit Nachlassen und Zunehmen des »Konsumterrors« zu tun?

Für die Erklärung ist schon viel gewonnen, wenn wir herausgefunden haben, was die Konjunkturschwankungen nicht verursachen kann. Was bleibt? Was bleibt an Erklärungen für die in verschiedenen Perioden auf jeweils anderem, meist höherem Niveau, mal nachlassende, mal zunehmende Nachfragedynamik? Was veranlaßt alle potentiellen Nachfrager, zu bestimmten Zeiten ihre Nachfrage zu intensivieren und auszuweiten und zu anderen Zeiten wieder einzuschränken oder weniger wachsen zu lassen?

Die richtige Antwort findet man nur, wenn man die alles bestimmenden Nachfrageentscheidungen genau untersucht. Dabei muß man einen ganz wichtigen Faktor, der bisher noch nicht vorgekommen ist, ganz besonders genau und kritisch unter die Lupe nehmen. Ich meine den Faktor Preis. Wie wirken die Angebotspreise, und wie wirken die Veränderungen dieser Preise auf die konkrete Nachfrageentscheidung und auf das Nachfrageverhalten insgesamt?

Es leuchtet ein, daß die »Preisfrage« vermutlich ausschlaggebend ist in einer Wirtschaft, in der die anderen genannten denkbaren Einflußfaktoren entweder unbedeutend oder nicht mehr berechenbar geworden sind. Schließlich entscheidet der Nachfrager, wenn er sich zum Kauf entschließt, damit zugleich auch immer über einen Preis, den er damit akzeptiert. Übrigens ist dieses Akzeptieren eines Kaufpreises zugleich auch ein »In-die-Welt-Setzen« eines neuen Preises, die »Schöpfung« eines neuen Preises. Jede getätigte Nachfrage, jeder neue Kaufabschluß, setzt einen neuen Preis in die Welt, den es vorher noch nicht gegeben hat und der das allgemeine Preisniveau verändert, wenn er es nicht bestätigt. Auch darüber entscheidet letztlich nur der jeweilige Nachfrager. Mit seiner Kauf- beziehungsweise Kreditaufnahmeentscheidung.

Was aber veranlaßt alle potentiellen Nachfrager manchmal zu größerer Bereitschaft, die gebotenen Preise und damit das ganze Angebot zu akzeptieren, und zu anderen Zeiten wieder, die Annahme zu verweigern und sich in Attentismus zu üben? Dafür muß es eine begründbare und überzeugende Erklärung geben.

Die Erklärung liegt ganz offensichtlich in der Preisspekulation der Nachfrager, sie liegt in der jeweils vorhandenen mehr oder weniger bewußten, individuellen Preistrenderwartung. Mit anderen Worten: Letztlich ausschlaggebend für Vollzug oder Aufschub der anstehenden

Nachfrageentscheidungen ist die jeweils wirksam werdende Preisspekulation.

Logik und Lebenserfahrung sprechen dafür, daß der Einfluß dieser Preisspekulation auf die Nachfrageentscheidung folgendermaßen aussieht:

1. Wenn steigende, also für morgen höhere Preise erwartet werden, dann wird der heute im Angebot vorliegende Preis als noch niedrig empfunden. Das muß – ganz unabhängig von anderen Überlegungen – die Kaufentschlossenheit bestärken.
2. Wenn mit fallenden Preisen, also mit für morgen niedrigeren Preisen, gerechnet wird, dann kann man davon ausgehen, daß, wenn keine Dringlichkeit der Anschaffung gegeben ist, die Kaufentscheidung eher zurückgestellt wird. Der potentielle Käufer übt sich dann in Attentismus.

Der theoretische Extrakt aus diesen logischen Überlegungen lautet:

1. Mit der Erwartung steigender Preise wächst die Kaufentschlossenheit.
2. Mit der Erwartung fallender Preise schwächt sich die Kaufentschlossenheit ab.

Diese Erkenntnis ist natürlich keine neue Entdeckung. So weiß man beispielsweise schon längst, daß die Preisinflation von der Inflationserwartung lebt, von der Erwartung weiter steigender Preise. Die Inflation lebt gewissermaßen von der Inflation. Das heißt auch, sie entwickelt sich mit Selbstbeschleunigung in einem kumulativen Prozeß. Eine Binsenweisheit. Nur hat man aus dieser Erkenntnis nicht die notwendigen Konsequenzen für die Konjunkturtheorie insgesamt gezogen.

Nun ist aber diese bisher roh entwickelte These von der auf die Nachfragebereitschaft einwirkenden Preisspekulation noch nicht in praktische Politik umsetzbar. Sie ist bisher nur am Einzelfall demonstriert, was noch nichts aussagt über ihre volkswirtschaftliche Bedeutung. Volkswirtschaftliche Bedeutung gewinnt eine bei der Beobachtung des

Verhaltens der einzelnen gewonnene Erkenntnis erst, wenn wir das Verhalten aller Wirtschaftsteilnehmer zu einem bestimmten Zeitpunkt ermitteln und richtig erklären können. Das erscheint auf den ersten Blick als eine schier unlösbare Aufgabe. Die Aufgabe ist aber ganz leicht zu lösen, wenn wir von einer anderen richtigen Erkenntnis ausgehen. Nämlich der Erkenntnis, daß der gesamtwirtschaftliche Prozeß, die Konjunktur also, immer von der Mehrheit der aktiv am Prozeß Beteiligten bestimmt wird. Wenn es also ein gleichartiges und gleichgerichtetes Verhalten einer Mehrheit gibt, dann bestimmt diese Mehrheit die Entwicklung des Ganzen.

Auf das Nachfrageverhalten bezogen, heißt das: Wenn eine Mehrheit mit weiter steigenden Preisen rechnet, dann mögen noch so viele einzelne das nicht tun und ihre Kaufentscheidung deswegen noch vor sich herschieben, die Mehrheit wird tendenziell ihre Nachfrageabsichten beschleunigt und vermehrt realisieren, die Nachfrage im ganzen wird sich verstärken. Das Gegenteil tritt ein, wenn eine Mehrheit vorhanden ist, die mit fallenden Preisen rechnet. Die daraus abgeleitete These lautet: »Die gleichgerichtete Preistrendspekulation der zu einem gegebenen Zeitpunkt überwiegenden Mehrheit bestimmt die relative Nachfrageintensität, bestimmt die Konjunktur.«

Aber auch diese Formel taugt noch nicht für die praktische Nutzanwendung in der Politik. Aus dem einfachen Grund, weil die Politik nur sehr begrenzt Einfluß auf die vorhandene Preisspekulation nehmen kann. Zum Glück sind im System der Marktwirtschaft die Preise generell nicht politisch manipulierbar, jedenfalls nicht direkt.

Es gibt aber unter allen Preisen einen Preis, der – auch im freien System durchaus systemkonform – sehr wohl politisch manipulierbar ist, und das ist glücklicherweise sogar der wichtigste von allen Preisen, der »Preis aller Preise«, es ist der Zins. Der Zins ist zunächst einmal in der Tat auch ein Preis. Er ist zwar kein Kaufpreis, er ist ein Mietpreis. Der Zins ist der Mietpreis für geliehenes Geld oder Geldkapital.

Wenn sich nachweisen läßt, daß die Zinsspekulation der Wirtschaftsteilnehmer sich parallel zur allgemeinen Preisspekulation entwickelt und daß sie die gleichen Wirkungen auf die Verhaltensweise der Wirtschaftsteilnehmer ausübt wie die Preisspekulation, dann könnte man in der Tat

alle Aufmerksamkeit des Konjunkturbeobachters und des Konjunktur-
politikers auf die Zinstrenderwartung konzentrieren.

Zunächst einmal ist logisch und auch nachweisbar, daß bestimmte
Zinstrenderwartungen die gleiche Wirkung auf die relative Nachfragebereitschaft – in diesem Falle Nachfrage nach Kredit – ausüben wie die
Preiserwartung auf die Kaufbereitschaft. Jeder potentielle Kreditnehmer
berücksichtigt, wenn keine Dringlichkeit gegeben ist, seine eigene Zinstrenderwartung bei seiner Entscheidung zur Kreditaufnahme. Wer Verteuerung des Kredits erwartet, greift rascher zu, wer Verbilligung des
Kredits erwartet, stellt die Kreditaufnahme vorerst zurück.

Es bleibt die Frage, ob die jeweils zu einem bestimmten Zeitpunkt
vorherrschenden Zinstrenderwartungen mit den zur gleichen Zeit vorherrschenden Preistrenderwartungen grundsätzlich übereinstimmen.
Dabei muß man berücksichtigen, daß die Zinsen eine größere Mobilität
beziehungsweise Volatilität entwickeln als die Preise, jedenfalls als das
gesamte Preisniveau. Ein Wechsel zwischen steigenden und fallenden
Zinsen tritt viel früher und damit weit häufiger ein als der sehr viel
seltenere Fall einer Ablösung von steigenden Preisen durch fallende
Preise. Eine völlige Trendumkehrung gibt es bei den Preisen bekanntlich
ganz selten. Hier liegen bereits in der Verlangsamung oder in der
Beschleunigung des normalerweise aufsteigenden Trends die entschei-
denden Trendveränderungen. Dem Wechsel von steigenden Zinsen zu
fallenden Zinsen entspricht bei den Preisen bereits der Übergang von
einer beschleunigten Preissteigerung zu einer verlangsamten Preissteigerung.

Unter Berücksichtigung dieser Unterschiedlichkeit wird man feststellen,
daß Zinssteigerungen immer mit einer Beschleunigung des Preisauftriebs korrelieren und Zinsverbilligungen immer mit einer Verlangsamung des Preisauftriebs. Was nun die jeweils besondere Erwartungshaltung angeht, die alle konjunkturrelevanten Nachfrageentscheidungen
bestimmt, so gilt folgende Regel: Solange von der überwiegenden
Mehrheit aller potentiellen Nachfrager eher steigende Zinsen erwartet
werden, werden auch eher verstärkt steigende Prcise erwartet, was auf
alle Fälle zu einer Intensivierung der Nachfrage führt. Einfacher ausgedrückt: Wenn die Mehrheit mit steigenden Zinsen rechnet, verstärkt

sich die Nachfrage. Oder: Drohende Kreditverteuerung ist ein Konjunkturverstärker. Andererseits: Die Aussicht auf Kreditverbilligung ist *die* Konjunkturbremse schlechthin.

Läßt sich diese logisch begründete Konjunkturtheorie praktisch und empirisch belegen? Die Antwort ist ein klares Ja. Die Ergebnisse der seit drei Jahren vom Institut für Demoskopie in Allensbach regelmäßig durchgeführten Repräsentativbefragungen nach der jeweils aktuellen allgemeinen Zinstrenderwartung (»Werden die Zinsen in den nächsten Monaten ›eher steigen‹, ›eher fallen‹ oder ›gleich bleiben‹?«) liegen vor. Sie sind eindeutig. Alle Schwankungen der Zinstrenderwartung gehen ganz im beschriebenen Sinne den entsprechenden Veränderungen in der konjunkturellen Entwicklung voraus. Kein Zweifel mehr: »Die überwiegende Zinstrenderwartung bestimmt die Konjunktur.« Auf den nächsten Seiten finden Sie einige Trendkurven, die die Konjunktur bestimmen.

Sie verdeutlichen das genaue Gegenteil dessen, was uns die noch herrschende monetaristische Lehre über die Zusammenhänge zwischen Nachfrage und sogenannter Geldmenge sagt. Es ist darum an der Zeit, daß sich Wissenschaft und Politik ernsthaft mit diesen neuen Argumenten gegen die überall praktizierte, völlig verfehlte monetaristische Geldmengenpolitik befassen.

Zinstrend und Konjunktur

Zentraler Angelpunkt meines Denkens ist nachstehende Konjunkturthese: »Jede Konjunktur wird bestimmt von der jeweils vorherrschenden Zinstrenderwartung.« Im Nachstehenden soll dies detaillierter erklärt und begründet werden. Die Konjunktur ist die relative Dynamik und Intensität der allgemeinen Nachfrage nach Gütern und Leistungen sowie nach Kredit. Der Zins ist ein Preis, der Mietpreis für geliehenes Geld. Für Zinsen gelten darum die gleichen Gesetze wie für Preise. Preise verändern sich nie »von selbst«.

Ein vorhandenes Preisniveau verändert sich nur, wenn in neuen – zwischen jeweils zwei Wirtschaftsteilnehmern – abgeschlossenen Kauf-

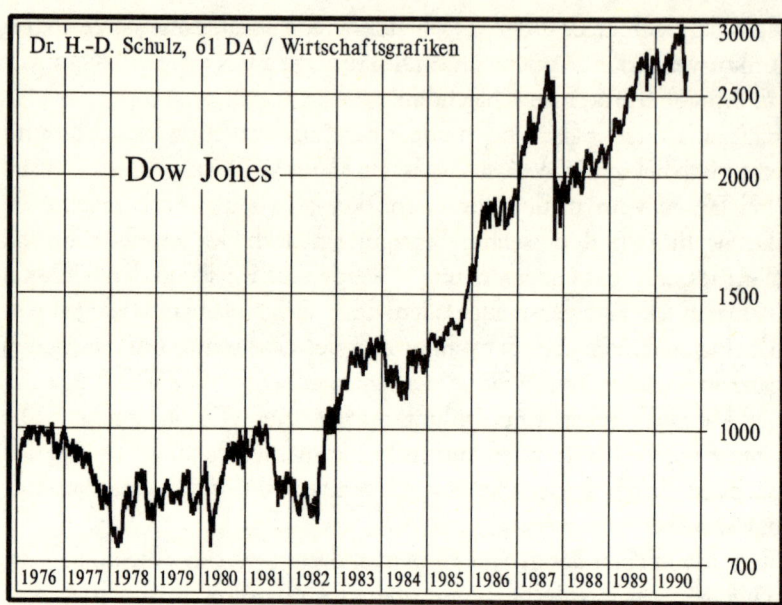

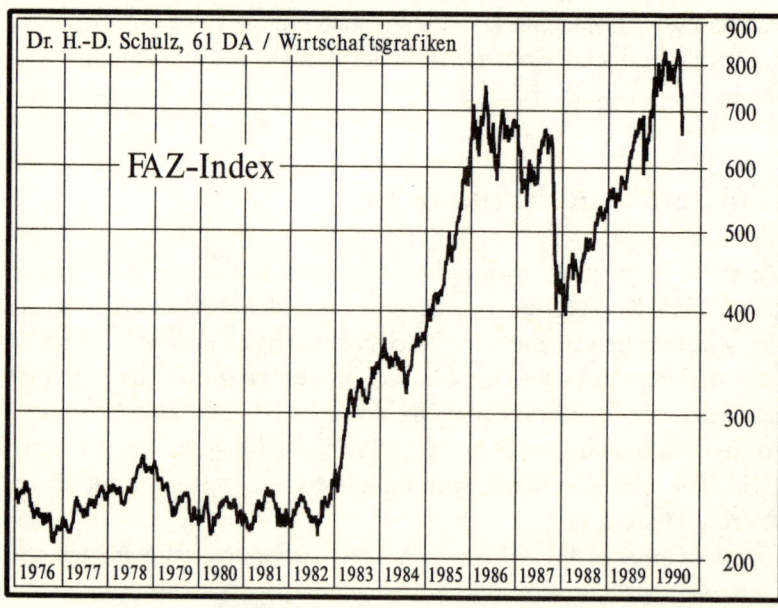

112

und Kreditverträgen andere, vom bisherigen Niveau abweichende Preise vereinbart werden. Preisniveauänderungen setzen den Neuabschluß von Kauf- und Kreditkontrakten voraus.

Das vorhandene, geltende Preisniveau setzt sich demnach aus kontrahierten Preisen zusammen. »Gestellte« Preise, also Angebots- oder Nachfragepreise, zählen nicht, sind nicht Teil des ökonomischen Prozesses, der allein aus »Abschlüssen« besteht. Jeder Neuabschluß von Kauf- und Kreditverträgen wird vom Käufer beziehungsweise Kreditnehmer (Schuldner) entschieden. Alle Preisveränderungen werden demnach letzten Endes von den Käufern beziehungsweise Kreditnehmern bestimmt.

Alle kontrahierten Preise und das sich daraus ergebende Preisniveau sind statische Größen. Die Preise und das Preisniveau sind als statische Größen ohne berechenbaren Einfluß auf das Verhalten aller potentiellen Käufer und Kreditnehmer. Die individuelle Einschätzung und Bewertung von entstandenen Preisen und Preisniveaus (»hoch« oder »niedrig«) orientiert sich zunächst an der individuellen Situation des einzelnen Käufers und Kreditnehmers. Alle Käufer und Kreditnehmer beziehen sich bei ihrer Preiseinschätzung aber auch – bewußt oder unbewußt – auf das dynamische Datum der vermuteten zukünftigen Preisentwicklung.

Das spekulative Moment der Preistrenderwartung führt zu einer eigenen, von der auf statischen Daten beruhenden Kalkulation ganz unabhängigen Einschätzung und Bewertung vorgegebener Preise. Die Erwartung weiter steigender Preise macht den vorgegebenen Preis relativ »niedrig«, die Erwartung fallender Preise macht den vorgegebenen Preis relativ »hoch«.

Bei gegebener zeitlicher Dispositionsfreiheit der potentiellen Käufer und Kreditnehmer gibt die spekulative Preiseinschätzung den Ausschlag dafür, ob der beabsichtigte Kauf beziehungsweise die Kreditaufnahme sofort vollzogen oder aufgeschoben wird. Wer steigende Preise erwartet, schließt eher ab, wer fallende Preise erwartet, schiebt die Entscheidung auf.

Auf die Gesamtheit aller zu einem bestimmten Zeitpunkt vorhandenen potentiellen Käufer und Kreditnehmer bezogen, bedeutet mehrheitli-

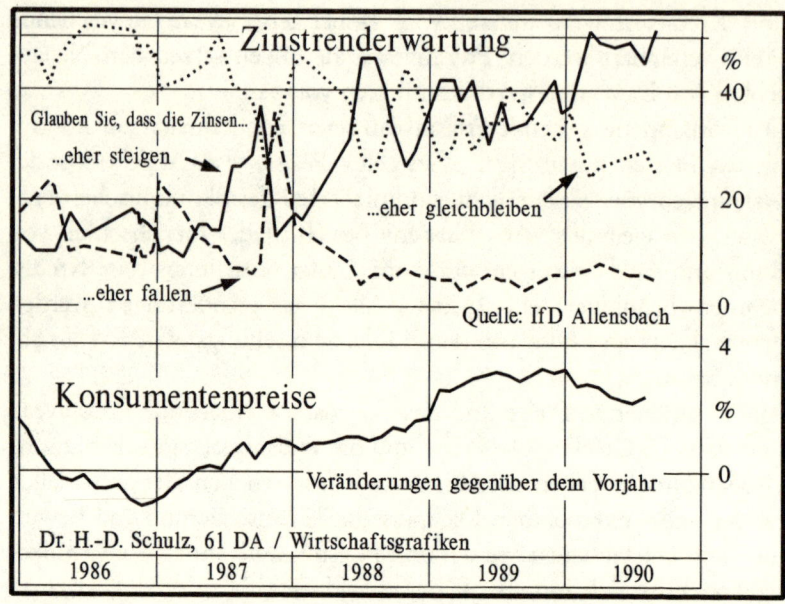

Zinstrenderwartung

Glauben Sie, dass die Zinsen...

...eher steigen

...eher gleichbleiben

...eher fallen

Quelle: IfD Allensbach

Konsumentenpreise

Veränderungen gegenüber dem Vorjahr

Dr. H.-D. Schulz, 61 DA / Wirtschaftsgrafiken

1986 1987 1988 1989 1990

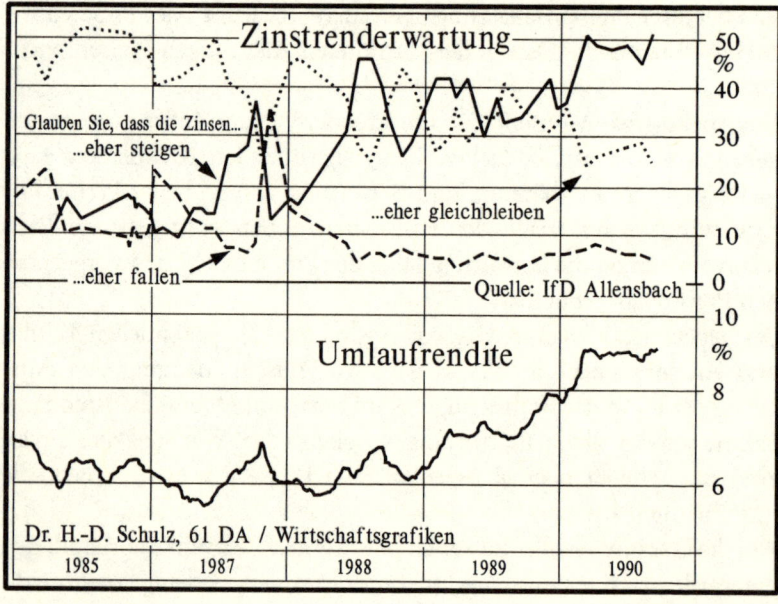

Zinstrenderwartung

Glauben Sie, dass die Zinsen...

...eher steigen

...eher gleichbleiben

...eher fallen

Quelle: IfD Allensbach

Umlaufrendite

Dr. H.-D. Schulz, 61 DA / Wirtschaftsgrafiken

1985 1987 1988 1989 1990

che Spekulation auf steigende Preise verstärkte Bereitschaft zum Abschluß und damit verbreitet Aufschub der Entscheidung (Attentismus). Eine vorherrschende, mehrheitlich überwiegende Erwartung steigender Preise und Zinsen (Inflationserwartung) stimuliert die Nachfrage, belebt damit die Konjunktur.

Die Zinstrenderwartung allein ist immer repräsentativ für die allgemeine Preistrenderwartung. Zinstrenderwartung »nach oben«, Erwartung steigender Zinsen, ist immer Inflationserwartung. Zinstrenderwartung »nach unten«, Erwartung fallender Zinsen, bedeutet immer Stabilisierungserwartung.

Konjunkturpolitik hat aus der gezielten Beeinflussung der allgemeinen Zinstrenderwartung zu bestehen. Das ist Aufgabe der Geldpolitik. Wirksame Konjunkturpolitik hat geldpolitische Globalsteuerung über die Zinstrenderwartung zu sein. Die globale Steuerung der überwiegenden/vorherrschenden Zinstrenderwartung ist das einzige verläßliche Verfahren der Konjunkturpolitik. Stabilitätspolitik und Konjunktursteuerung über die »Geldmenge« hingegen ist untauglich und gefährlich aus folgendem Grund: Die konjunkturbestimmende Intensität der Nachfrage hat nichts mit der »Geldmenge« zu tun, hat überhaupt nichts mit Geld zu tun. Denn alle Nachfrage geschieht ohne Geld, also auch unabhängig von vorhandenem Geld. Erst zum Bezahlen gehört Geld. Kaufen und Bezahlen sind zwei völlig unabhängige Vorgänge.

Stabilität, also stabile inflationsfreie konjunkturelle Entwicklung, gewinnt man nur durch die Aussicht auf Stabilität des Preis- und Zinsniveaus. Stabilität gewinnt man nur durch Aussicht auf Stabilität (Stabilitätserwartung). Weil Deflation oder Inflation nach meiner Konjunkturformel zwingend dem jeweils vorherrschenden Zinstrend folgen, kann die beschriebene Entwicklung ganz einfach von der Zinskurve abgelesen werden.

Allerdings ist dies eine Bestätigung »ex post«. Es ist kein empirischer Beweis für die ausschlaggebende Rolle der jeweils vorherrschenden Zinstrenderwartung. Gegenwärtig vorhandene »Erwartungen« lassen sich aber heutzutage durch demoskopische Befragungen ermitteln. Und das geschieht darum auch in meinem Auftrag durch das Institut für Demoskopie Allensbach seit inzwischen über fünf Jahren.

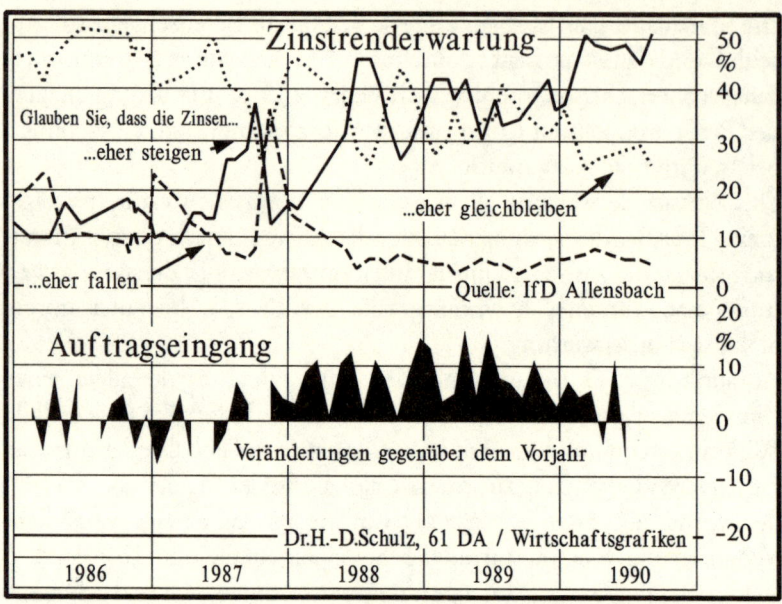

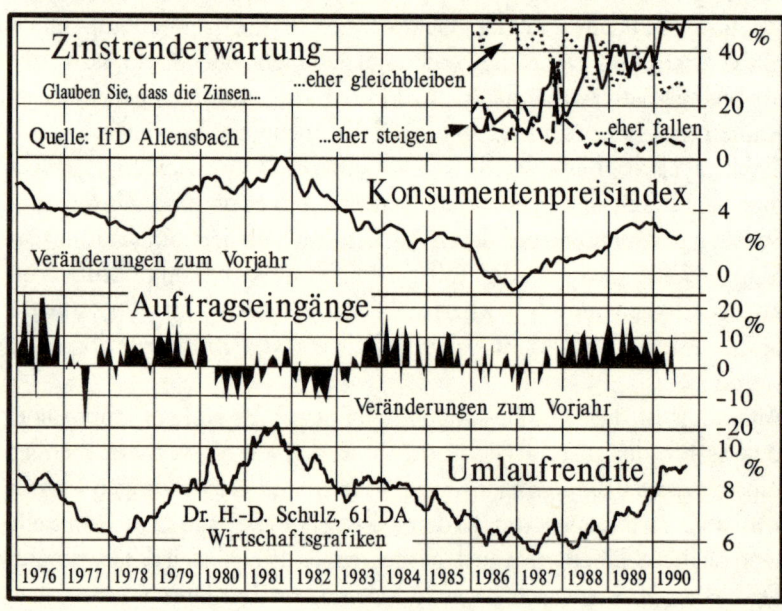

Seit 1986 wird alle drei, vier Wochen ein repräsentativer Durchschnitt der erwachsenen Bevölkerung in der Bundesrepublik und in West-Berlin wie folgt gefragt: »Glauben Sie, daß die Zinsen in den nächsten Monaten eher steigen oder eher fallen oder gleich bleiben werden?« Es gibt fünf Möglichkeiten der Antwort: »eher steigen«, »eher fallen«, »gleich bleiben«, »unentschieden«, »weiß nicht«.

Die Ergebnisse dieser Befragung werden, gleichfalls in meinem Auftrag, durch das Büro Dr. Schulz (Darmstadt) in grafische Darstellungen verwandelt. Die fortgeschriebene Grafik geht dann einem ausgesuchten Kreis von Interessenten zu. Dazu gehören für die Wirtschaftspolitik verantwortliche Adressen in Bonn und in Frankfurt (Bundesbank) und alle Bezieher des »Bethmann Briefs«. Schauen wir uns die Entwicklung der Zinstrenderwartung auf gegenüberliegender Seite an.

Dabei behalten wir zur Beurteilung des Ganzen folgende Regel fest im Auge: Immer wenn die Zinsen fallen, überwiegt die Deflation; immer wenn der Zinstrend nach oben geht, überwiegt die Inflation. Seit 1981 fielen die Zinsen – wenigstens aufs Ganze gesehen. Die Großwetterlage ist somit in all den Jahren tendenziell deflatorisch-rezessiv gewesen, wie Sie auf der nächsten Seite sehen können. Dieser deflatorische Haupttrend wurde nun immer wieder – und zwar Mitte 1982, eindeutig 1983, dann wieder Anfang 1985, Frühjahr 1986 und schließlich vor allem ab Sommer 1987 – von vorübergehenden, eindeutig durch Zinsanstieg verursachten inflatorischen Konjunkturschüben unterbrochen und aufgehalten – bis Mitte Oktober 1987. Dann kam der 19. Oktober, der Börsen-Crash, noch präziser: der Aktienbörsen-Crash, im Grunde kein konjunkturrelevantes, aber – und darauf kommt es an – ein zinswirksames und darum doch indirekt ein konjunkturbeeinflussendes Ereignis. Nach dem 19. Oktober 1987 fielen die Zinsen sofort und steil. Das hieß Deflation, Rezession, vorläufiges Ende des Aufschwungs. Es hieß auch – endlich – Stabilisierung!

Alle Welt erwartete unmittelbar nach dem 19. Oktober nicht mehr – wie vorher – weiter steigende, sondern nun nur noch fallende Zinsen. Diese neue Erwartung wurde noch zusätzlich, man könnte sagen wieder einmal prozyklisch genährt durch die Erklärungen der Notenbanken, daß sie entschlossen seien, einen Kollaps der Finanzen durch

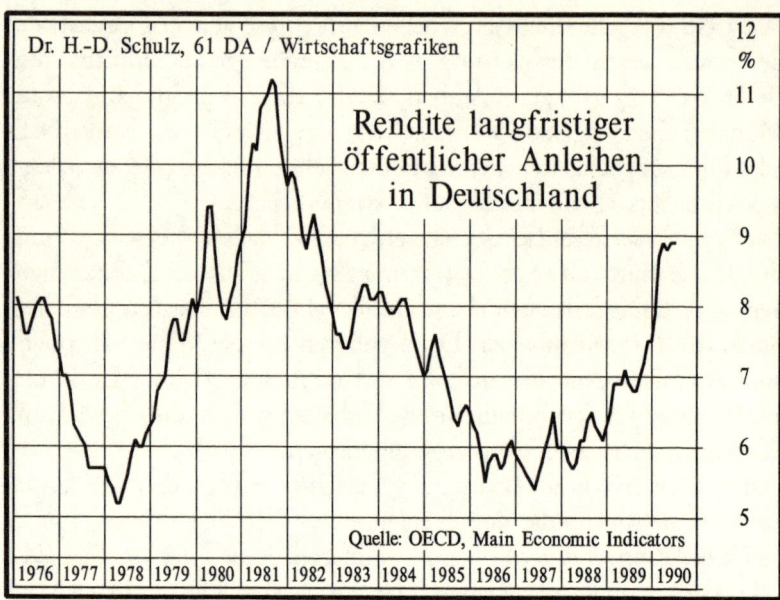

Dr. H.-D. Schulz, 61 DA / Wirtschaftsgrafiken

Rendite langfristiger
öffentlicher Anleihen
in Deutschland

Quelle: OECD, Main Economic Indicators

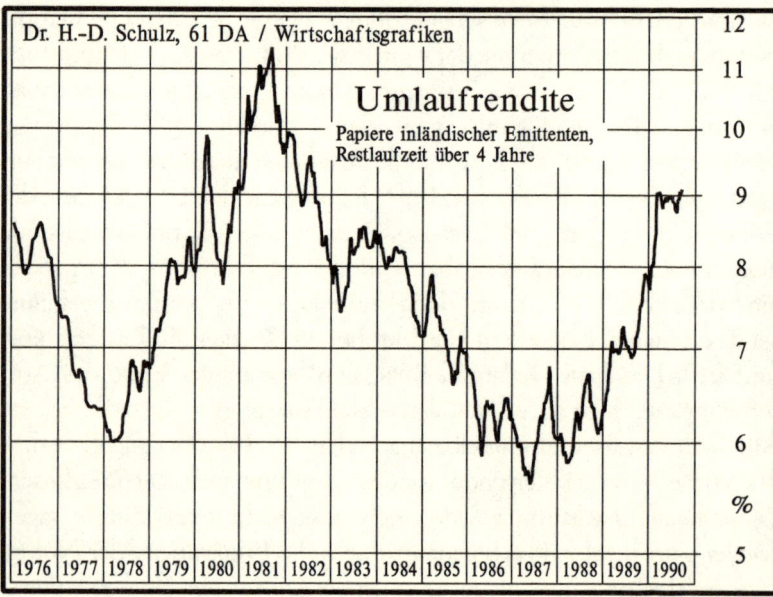

Dr. H.-D. Schulz, 61 DA / Wirtschaftsgrafiken

Umlaufrendite

Papiere inländischer Emittenten,
Restlaufzeit über 4 Jahre

reichliche »Geldversorgung« zu verhindern, also auch durch Senkung des Zinsniveaus. Das war – wie immer – gut gemeint und – wie immer – falsch gedacht.

Konkret: Kurz vor dem Crash erwarteten 37 Prozent der Befragten steigende Zinsen, und nur 6 Prozent erwarteten fallende Zinsen. (Die Erwartung steigender Zinsen war ja auch ein Auslöser des Crashs; der andere Auslöser war die Erwartung einer schlechteren Konjunktur.) Nur acht Wochen später, im Dezember 1987, erwarteten dann 36 Prozent der Befragten fallende Zinsen und nur 13 Prozent steigende Zinsen. Das war der Schock, die allgemeine Lähmung. Aber nicht lange. Schon Anfang 1988 begann die Zinstrenderwartung sich wieder umzukehren. Bereits im Februar 1988 setzten wieder mehr Befragte auf Zinssteigerung. Das bedeutete beginnende konjunkturelle Erholung, und Ende Juli, Anfang August 1988 erwarteten wieder 46 Prozent der Befragten eher steigende Zinsen und nur 5 Prozent eher fallende Zinsen! Das Konjunkturwunder von 1988!

Dann geht es weiter: Seit Ende August nimmt die Quote der Zinsaufwärtsspekulanten wieder ab. Sie fällt von 46 auf 26 Prozent im November. Die Quote der anderen (»eher fallende Zinsen«) steigt allerdings nur langsam von 5 Prozent auf 7 Prozent. Das heißt, daß Ende November 1988 noch eine starke Mehrheit (26 Prozent zu 7 Prozent) mit steigenden Zinsen rechnete.

Jedenfalls gab es die stärksten inflationären Konjunkturimpulse vor dem 19. Oktober 1987 und dann wieder im Sommer 1988, und am schwächsten war die Nachfrage in der Zeit zwischen November 1987 und Februar 1988. Die Veränderungen der Zinstrenderwartung geben deutlich den Wandel der konjunkturellen Impulse wieder – wie von mir vorhergesagt. Gehen wir zur Kontrolle noch ein Jahr zurück. 1987 war ein Jahr der dreifachen Wende: Erst wurden überwiegend fallende Zinsen erwartet, dann auf einmal wieder überwiegend steigende, was sich dann, durch den Börsen-Crash verursacht, noch einmal – aber nur für kurze Zeit – umkehrte. Anders ausgedrückt: Im Jahr 1987 gab es erst noch ein paar Monate Stabilisierung, dann wieder beginnende Überhitzung (Übernachfrage), plötzlich abgebrochen durch den Börsen-Crash. Darauf kurzer Deflationsschock, der noch am Ende des

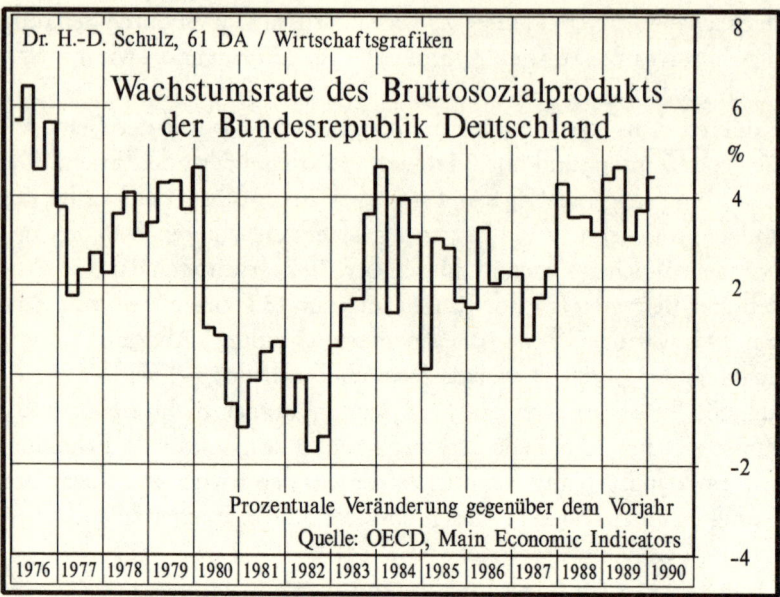

Dr. H.-D. Schulz, 61 DA / Wirtschaftsgrafiken

Wachstumsrate des Bruttosozialprodukts der Bundesrepublik Deutschland

Prozentuale Veränderung gegenüber dem Vorjahr
Quelle: OECD, Main Economic Indicators

1976 | 1977 | 1978 | 1979 | 1980 | 1981 | 1982 | 1983 | 1984 | 1985 | 1986 | 1987 | 1988 | 1989 | 1990

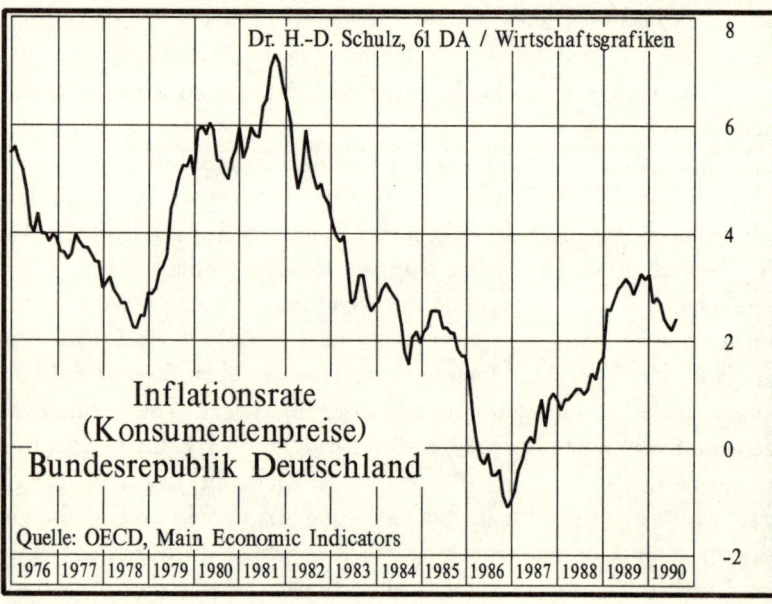

Dr. H.-D. Schulz, 61 DA / Wirtschaftsgrafiken

Inflationsrate (Konsumentenpreise) Bundesrepublik Deutschland

Quelle: OECD, Main Economic Indicators

1976 | 1977 | 1978 | 1979 | 1980 | 1981 | 1982 | 1983 | 1984 | 1985 | 1986 | 1987 | 1988 | 1989 | 1990

120

Jahres an Wirkung wieder verlor. Reale Auswirkungen: Der Preisindex fiel nur noch in den ersten vier Monaten 1987, um dann mit Auf und Ab nach zwölf Monaten Preisniveausenkung zum ersten Mal wieder zu steigen, und zwar auf 1 Prozent Ende des Jahres. Die Aufträge nahmen anfangs noch ab, dann aber wuchsen sie rasch wieder nach der Rückkehr der wieder überwiegenden Zinstrenderwartung nach oben. Der Börsen-Crash brachte nur einen ganz kurzen Dämpfer für die Auftragslage.

1988 war dann das Jahr des Konjunkturwunders nach dem Börsen-Crash und damit zugleich das Jahr des neuen inflationären Booms. Schon im ersten Quartal 1988 kreuzten sich die Kurven »eher fallen« und »eher steigen« wieder zugunsten von »eher steigen«. Die Kurven liefen dann ganz auseinander. Anfang Juli, in der Mitte des Jahres 1988, gab es 40 Prozentpunkte Distanz zugunsten von »eher steigen«. Gleichbleibende Zinsen erwarteten nur noch 30 Prozent, so wenige wie zehn Monate vorher, kurz nach dem Crash. Das Ganze war eine eindeutige Boomkonstellation, und so blieb es über zwei Jahre bis zur Golfkrise 1990.

Der Boom war Mitte des Jahres 1988 in vollem Gange, obwohl die meisten es noch nicht wahrhaben wollten. Daran änderte sich auch wenig im letzten Quartal, obwohl die Zinsanstiegserwartung zunächst nachließ, und zwar zugunsten derer, die gleichbleibende Zinsen erwarten. Weil aber die Annahme wieder fallender Zinsen »am Boden« blieb, änderte sich nichts an der allgemeinen Euphorie. Am Jahresende 1988 war die Erwartung »eher steigen« wieder über 30 Prozent, sogar auf dem Wege zu 40 Prozent, was unverändert Boom bedeutete. Die Auftragseingänge wuchsen Ende 1988 mit einer Rate von 15 Prozent. Dabei ging die Preisstabilität wieder flöten, am Ende von 1988 war die Inflationsrate noch unter 2 Prozent, aber schon im Januar 1989 über 2 Prozent, um dann 1989/90 sogar 3 Prozent zu streifen.

Das heißt für die weitere Zukunft: Solange von der Mehrheit eher steigende Zinsen erwartet werden – Ende September 1990 rechneten weit über 50 Prozent mit Zinssteigerungen –, so lange wird verstärkt gekauft und gepumpt. Resultat: inflationärer Boom. Und die andere Seite? Nur wenn eine neue Mehrheit eher fallende Zinsen erwartet,

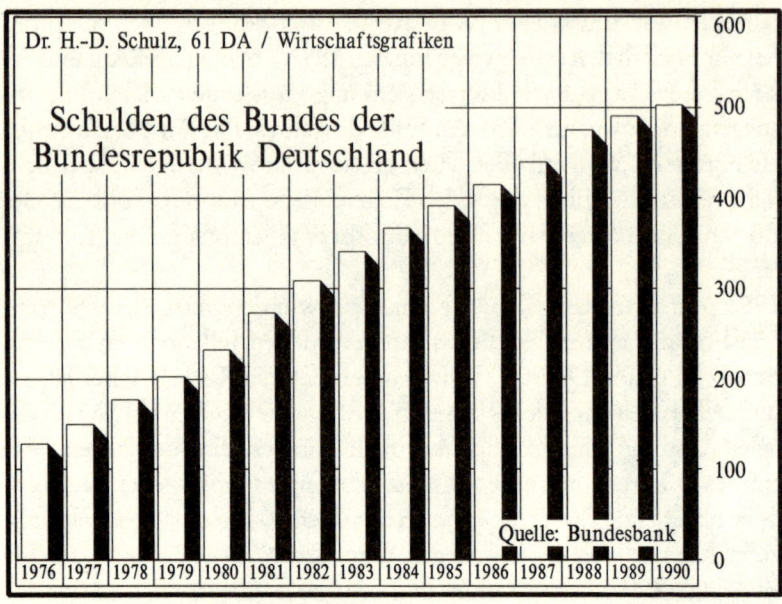

Dr. H.-D. Schulz, 61 DA / Wirtschaftsgrafiken

Schulden des Bundes der
Bundesrepublik Deutschland

Quelle: Bundesbank

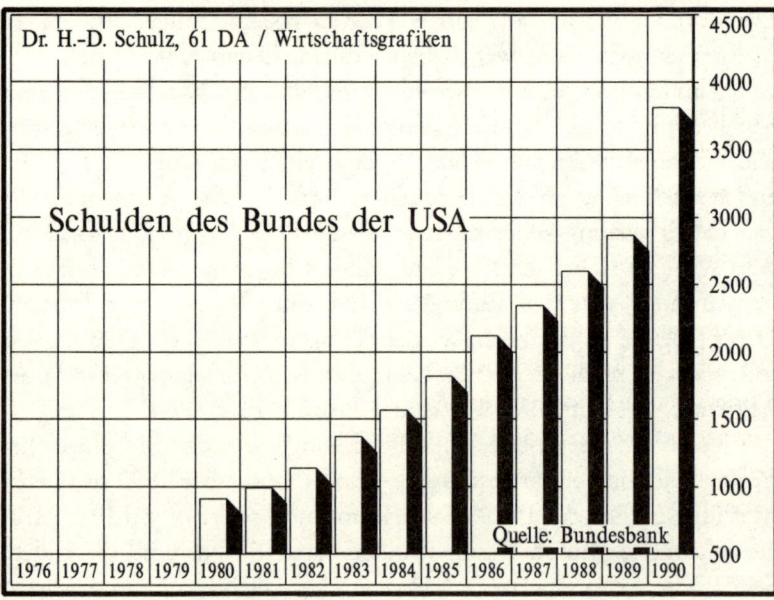

Dr. H.-D. Schulz, 61 DA / Wirtschaftsgrafiken

Schulden des Bundes der USA

Quelle: Bundesbank

bricht die Nachfrage ein. Die Auftragseingänge gehen zurück, und die Preisstabilität nimmt zu. Die Zusammenhänge sind eindeutig, das *Rätsel der Konjunktur* ist damit weitgehend gelöst.

Die Konjunktur ist immer ein Ringen zwischen Inflation (Übernachfrage) und Deflation (Unternachfrage). Das ist auch so in ganz normalen Zeiten. Es gibt immer zur gleichen Zeit ein »Zuwenig« und ein »Zuviel«, normalerweise aber nur marginal um einen breiten Mitteltrend herum, der in der normalen Durchschnittsrate sichtbar wird. Heute ist das ganz anders. Wir erleben die Gleichzeitigkeit der Extreme. Das Ganze wächst zwar im Durchschnitt um 2 bis 3 Prozent, während zugleich die Inflation noch wuchert und die Deflation schon große Teile vernichtet. Der Saldo ist 2 oder 3 Prozent. Die aber sind schon »zuviel«. Jedes Wachstum ist »zuviel«, ist überschießende neue Inflation, solange die alte Inflation noch nicht beseitigt ist.

Was zuviel ist, ist zuviel. Das gilt allemal auch für die Inflation, das klassische »Zuviel« in der Ökonomie. Liegt ein »Zuviel« vor, darf es eigentlich vorerst kein »Mehr« geben, bevor es nicht ein »Weniger« gegeben hat. Genau das ist unser Problem, das gegenwärtige Hauptproblem der Weltwirtschaft: Überall zu viele Schulden, zuviel Geld, zu viele nicht mehr bezahlbare Arbeitsplätze, zu viele Kapazitäten, zuviel Produktion. Überall wurde jahrelang »auf Halde« produziert. Die Halden wuchsen in den Himmel, und sie wachsen noch immer, zwischendurch zwar etwas langsamer, in jüngster Zeit wieder schneller. Dabei wird auch immer wieder etwas weggeschafft, wird abgeräumt, abgeräumt durch Verbrauch des Produzierten und durch Bezahlung des Geschuldeten – aber nicht genug. Die Halden schrumpfen nicht. Das Wachstum ist schneller als der Abbau. Die Halden wachsen weiter unaufhaltsam.

Was aber heißt überhaupt »zuviel« in der Wirtschaft? Wer will das bemessen und bewerten? Eine gute Frage. »Zuviel« kann etwas sein im Verhältnis zu einer Norm, zu einer wünschbaren Menge. Eine Menge selbst kann nie schlecht oder gut, kann nie ohne weiteres »zuviel« oder »zuwenig« sein. Was ist also »zuviel« in der Wirtschaft? Was heißt »zuviel« Geld, »zu viele« Schulden, »zuviel« Produktion, »zu viele« Arbeitsplätze? Meine Antworten:

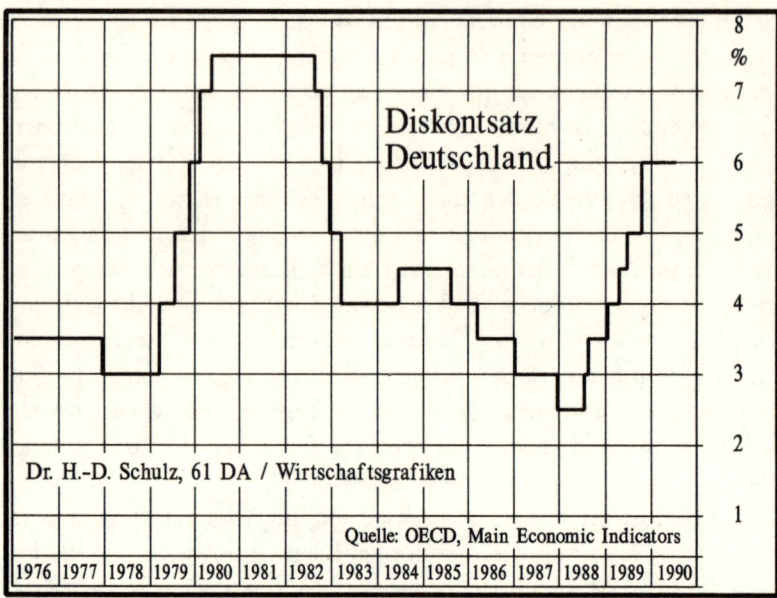

Diskontsatz
Deutschland

Dr. H.-D. Schulz, 61 DA / Wirtschaftsgrafiken

Quelle: OECD, Main Economic Indicators

| 1976 | 1977 | 1978 | 1979 | 1980 | 1981 | 1982 | 1983 | 1984 | 1985 | 1986 | 1987 | 1988 | 1989 | 1990 |

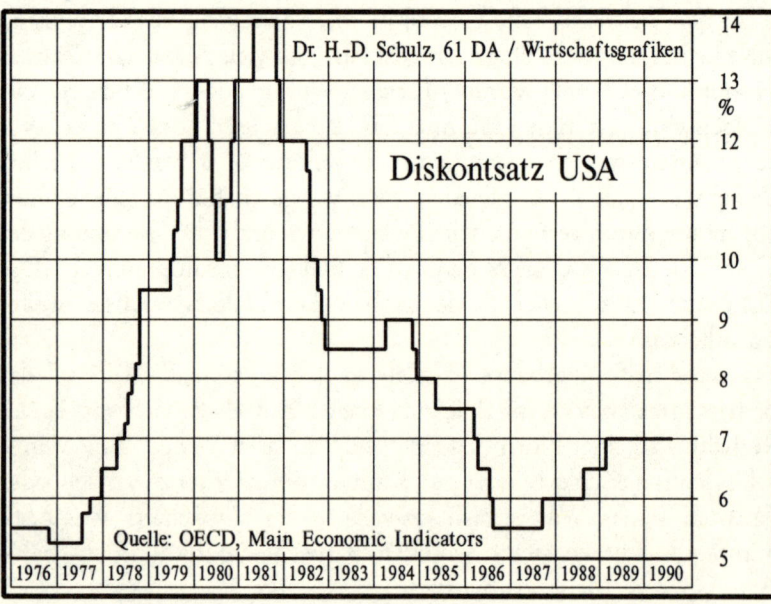

Dr. H.-D. Schulz, 61 DA / Wirtschaftsgrafiken

Diskontsatz USA

Quelle: OECD, Main Economic Indicators

| 1976 | 1977 | 1978 | 1979 | 1980 | 1981 | 1982 | 1983 | 1984 | 1985 | 1986 | 1987 | 1988 | 1989 | 1990 |

- Schulden gibt es zu viele, wenn zu viele davon nicht mehr zurückgezahlt werden können.
- Geld gibt es zuviel, wenn zuviel davon wertlos ist, wertlos wie ein ungedeckter Scheck.
- Produktion ist zuviel, wenn zu viele Ladenhüter herumliegen.
- Arbeitsplätze gibt es zu viele, wenn zu viele davon unbezahlbar werden.

Das ist sie, die Inflation, und sie endet erst, wenn das »Zuviel« sichtbar wird, wenn Forderungen mit Rabatt verkauft oder gleich ganz abgeschrieben werden, wenn Geldzahlungen nicht angenommen werden und Wechselkurse in den Keller fallen, wenn die Ausverkäufe zur Dauererscheinung werden, wenn mehr verramscht als verkauft wird, wenn die Arbeitslosigkeit auf hohem Niveau verharrt. All das ist dann Deflation, der Abbau, das Abschmelzen der Halden, die unverzichtbare Bereinigung. Diese deflatorische Katharsis gelingt nicht, wenn die Neuproduktion immer noch größer ist als der Abbau, wenn das Ganze noch immer per saldo wächst, wenn die Inflation noch immer der Deflation vorausläuft – wie heute.

Zehn Grundthesen zur »Monetären Ökonomie«

Zur Abrundung des Kapitels möchte ich die Grundgedanken meiner »Monetären Ökonomie« noch einmal kurz zusammenfassen:

1. *Geld*
   Alle existierenden Zahlungsansprüche sind Geld. Die Schulden sind die Rückseite des Geldes. Die Summe aller Schulden ist gleich der Summe allen Geldes (Gesamtgeldmenge).

2. *Geldschöpfung/Geldvernichtung*
   Jede zwischen zwei Personen kontrahierte Neuverschuldung aus Kauf auf Rechnung oder aus Krediteinräumung ist eine Geldschöpfung (aus Kauf entsteht Geld, aus Geld entsteht kein Kauf!). Geldvernichtung ist jede Löschung eines Zahlungsanspruchs.

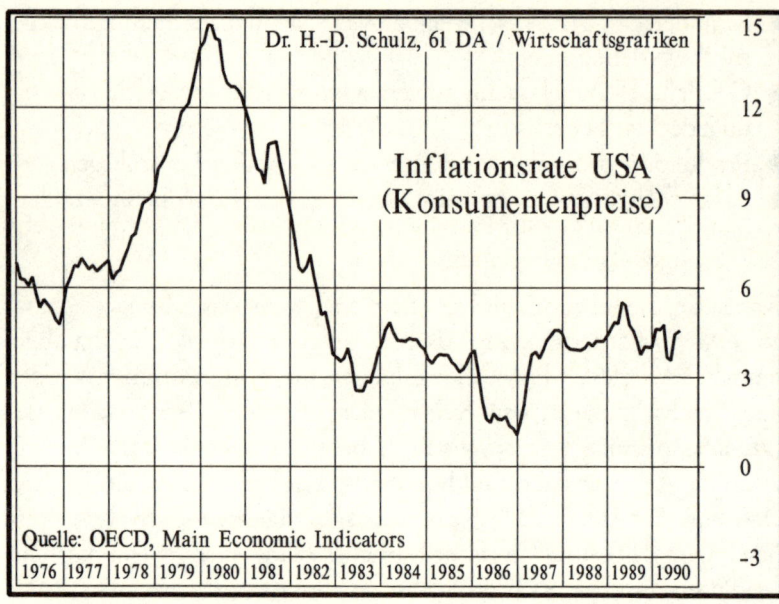

Dr. H.-D. Schulz, 61 DA / Wirtschaftsgrafiken

Inflationsrate USA
(Konsumentenpreise)

Quelle: OECD, Main Economic Indicators

1976 | 1977 | 1978 | 1979 | 1980 | 1981 | 1982 | 1983 | 1984 | 1985 | 1986 | 1987 | 1988 | 1989 | 1990

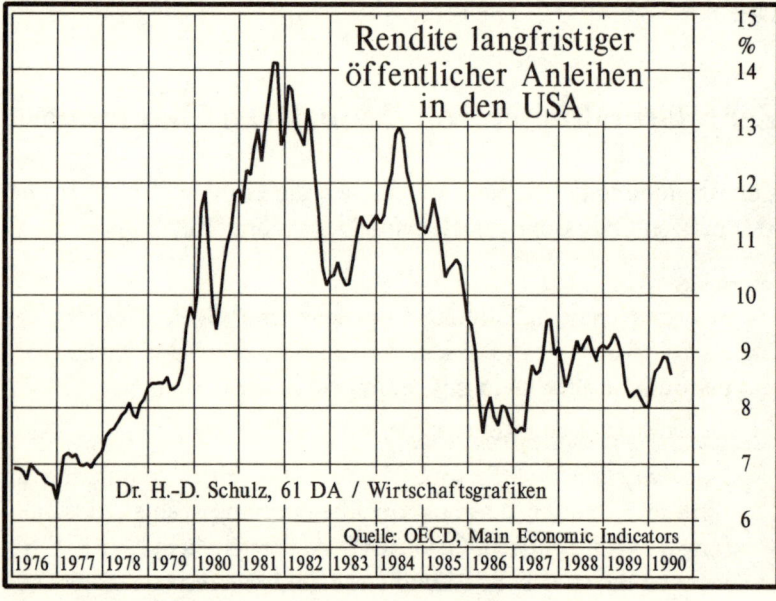

Rendite langfristiger
öffentlicher Anleihen
in den USA

Dr. H.-D. Schulz, 61 DA / Wirtschaftsgrafiken

Quelle: OECD, Main Economic Indicators

1976 | 1977 | 1978 | 1979 | 1980 | 1981 | 1982 | 1983 | 1984 | 1985 | 1986 | 1987 | 1988 | 1989 | 1990

3. *Preise*
Mit jedem Neuverschuldungskontrakt entsteht ein neuer Preis (Geldschöpfung und Preisneubildung in einem Akt, der sich neu Verschuldende ist der jeweils Entscheidende).

4. *Preisspekulation*
Die Bereitschaft zur Neuverschuldung wird immer auch von einer Preisspekulation beeinflußt.

5. *Konjunktur*
Die Konjunktur ist nichts anderes als der Ausdruck der spekulativ bestimmt zu- oder abnehmenden Verschuldungsbereitschaft aller Wirtschaftsteilnehmer (relative Verschuldungsbereitschaft).

6. *Die »unsichtbare Hand«*
Die in der Gesamtwirtschaft jeweils überwiegende Preistrendspekulation bestimmt die relative Verschuldungsbereitschaft (die überwiegende Preistrendspekulation ist die »unsichtbare Hand« von Adam Smith).

7. *Konjunkturpolitik*
Erfolgreiche Konjunkturpolitik kann nur aus bewußter Beeinflussung der Preistrendspekulation bestehen.

8. *Globalsteuerung*
Bewußte Beeinflussung der Preistrendspekulation ist die unverzichtbare Globalsteuerung.

9. *Geldpolitik*
Das einzig verläßliche Instrument erfolgreicher Globalsteuerung ist die Zinstrendbestimmung durch die Geldpolitik.

10. *Fazit*
Sinnvolle und berechenbare geldpolitische Globalsteuerung ist unverzichtbarer Bestandteil marktwirtschaftlicher Wirtschaftspolitik.

4 Die Zukunft des Kapitalismus

Demontage der Kartenhäuser?

Kann man Kartenhäuser demontieren? Wenn ja, wie? Diese Frage stellt sich seit langem schon angesichts der vielen Finanz-Kartenhäuser in der Welt. Es gibt nur eine Antwort. Der Staat muß helfen. Der Staat muß den defekten Kapitalismus reparieren. Bedauerlich – aber notwendig. Die US-amerikanische Regierung hat schon vor geraumer Zeit erklärt, daß sie für die Einlagen bei Banken und Sparkassen geradestehen wird. So konnte es geschehen, ohne schlimmste Konsequenzen, daß Finanzskandale Schlagzeilen machten, die fünfzig Jahre früher bereits die große Krise hervorgerufen hätten. Die Regierung als Retter, Väterchen Staat als Feuerwehr. Die Erklärung des Staates hilft viel. Noch mehr hilft die erfolgreiche Tat. Die Finanz-Kartenhäuser in Amerika halten bis heute nur deswegen zusammen, weil einige aufs höchste Gefährdete »gerettet« worden sind. Weil der Staat seine Bereitschaft zur Rettung der Sparkassenkunden erklärt hat und weil er bisher in dieser Hinsicht erfolgreich gewesen und glaubwürdig geblieben ist. Aber um welchen Preis? Solche Rettungsaktionen treiben den Staat in immer höhere Schuldverpflichtungen, die irgendwann auch einmal eingelöst werden müssen. Das bleibt nur deshalb verborgen, weil der Staat ohnehin durch riesige Defizite in immer größere Verschuldung geraten ist. Das Eintreten des Staates für faule Engagements erhöht seine Verschuldung, läßt die Geldschwemme, wie sie ist, und entschärft nur unwesentlich die riesige »Überschuldung«. Bleibt die Frage: Ist der Staat letzten Endes wirklich ein besserer Schuldner?

Die Risiken bleiben, ja sie wachsen mehr und mehr. Das trifft immer für Bewertungsrisiken zu. Das gilt für volle Bewertung fauler Schulden genauso wie für Überbewertung von Immobilien und ertragsarmen Aktien. Davon haben wir sehr viel, viel zuviel in der Welt. Daß es weniger wird oder daß die Bewertung korrigiert wird, das ist eine zwingende Notwendigkeit, aber wann findet dies statt? Der Zeitpunkt ist nie zuverlässig zu bestimmen. Aber eines wissen wir, die Korrektur hat schon begonnen. Denken wir an die Börsen-Crashs der letzten vier Jahre in den Hochburgen des Kapitalismus, überall. Was dort geschah, ist nicht ausgestanden. Noch bleiben die Folgen im verborgenen, aber eines Tages müssen die Besitzer all dieser überbewerteten Aktiven – ob Aktien oder Immobilien – Farbe bekennen. Dann kommt für sie die Stunde der Wahrheit. Hoffentlich wird sie auch eine Stunde der Wahrheit für die Politik, eine Stunde der Erkenntnis von den unverzeihlichen Fehlern, die gemacht worden sind und die die schöne kapitalistische Welt an den Rand des Ruins gebracht haben. Und noch eins: Nur ein starker Staat kann wirklich helfen. Sind die Demokratien stark genug?

Politische Führung als Gebot der Stunde

Muß man heute nicht von einer allgemeinen politischen Vertrauenskrise sprechen? Da sind die Staats-, Politik- und Parteienverdrossenheit der Regierten, die vielen Protestaktionen, die Bürgerinitiativen, die »Grünen«. Es herrscht eine verbreitete Haltung gegenüber der bestehenden Ordnung, die von respektloser Kritik bis zu offenem Haß reicht.
Der verbreiteten Ratlosigkeit der Regierenden entsprechen Angst und Unsicherheit der Regierten. Die Ursache für die politische Vertrauenskrise ist ein Defizit an politischer Führung. Es bestehen Mißverständnisse über das Politische selbst, über die politische Aufgabe. Es mangelt der Politik an Ansehen.
Noch immer fehlt ein politisches Grundsatzprogramm. Nur wenn wir eine allgemeinverbindliche politische Ethik entwickeln und uns ihr verpflichten, kann die freie demokratische Gesellschaft Bestand haben. Politik muß sich humane Ziele setzen. Politik wird für Menschen gemacht. Der Mensch braucht die Freiheit, und er kann doch ohne Bindung nicht leben.

Politik muß zwei Ziele zugleich verfolgen: die Menschenwürde erhalten und den Frieden sichern. Was ist Menschenwürde? Sie garantiert ein Höchstmaß an Freiheit, ein Optimum an Gerechtigkeit und ein unverzichtbares Mindestmaß an Geborgenheit! Totale Freiheit, totale Gerechtigkeit, totale Sicherheit sind gefährliche Utopien.

Regieren ist Ausübung von Herrschaft zur Erhaltung von Frieden und Menschenwürde. Politik ist Macht, ist Herrschaft, aber nicht Macht und Herrschaft um ihrer selbst willen. Die Macht im demokratischen Staat ist delegierte, anvertraute Macht, ist Herrschaft auf Widerruf. Demokratie braucht Führung, kennt aber nur politische Führung auf Zeit. Es ist keine Frage: Das Regieren ist schwerer geworden. Die Entscheidungsspielräume, die Selbstbestimmungsmöglichkeiten der Bürger, haben sich in der Wohlstandsgesellschaft radikal erweitert.

Beispiel Wirtschaftspolitik: Die Wirtschaftspolitik ist zum wichtigsten Bestandteil der Gesamtpolitik geworden. Die Wirtschaft ist von der Politik abhängig, die Politik bestimmt das Schicksal der Wirtschaft. Auch die Wirtschaftspolitik kann auf politische Führung nicht verzichten. Es gibt in freien Märkten keinen verläßlichen automatischen Gemeinwohleffekt. Deshalb muß die Ordnungspolitik solche Wildwestmethoden unterbinden, wie sie in den USA beinahe schon auf der Tagesordnung stehen. Stichwort: »Hostile Takeovers«. Welches Hauen und Stechen bei solchen putschartigen Übernahmen üblich ist, haben die beiden amerikanischen Autoren Burrough und Helyar in ihrem Buch »Barbarians at the gate« am Beispiel von RJR Nabisco aufgeschrieben. Politische Führung in der Wirtschaftspolitik bedeutet, die grundsätzlich freien ökonomischen Entscheidungen der Marktteilnehmer behutsam und klug zu steuern. Diese Steuerung hat in erster Linie aus Datensetzung ohne Zwangsanwendung zu bestehen. Gleichzeitig müssen Exzesse verhindert werden.

Die zentrale Frage der Wirtschafts- und Konjunkturpolitik lautet: Was machen die Menschen mit ihrem Geld? Liberale Wirtschaftspolitik in der entwickelten demokratischen Gesellschaft ist noch immer ein Versuch ohne Erfahrung, nicht nur jetzt in der Sowjetunion, auch noch heute bei uns. Bei uns kommt die Frage hinzu: Kann die Marktwirtschaft im Wohlstand, den sie selbst geschaffen hat, erhalten bleiben?

Jetzt erst ist die eigentliche Bewährungsprobe liberaler Wirtschaftspolitik gekommen. Steuerung des konjunkturellen Prozesses, Globalsteuerung gehört dazu. Steuern besteht aus Datensetzung, darf nur daraus bestehen. Welche Wirkung haben aber welche Daten? Dies muß man wissen. Das ist Voraussetzung für eine erfolgreiche liberale Wirtschaftspolitik.

Für den Konjunkturpolitiker gilt es nun, folgende Fragen zu sehen und richtig zu beantworten:

- Welche Faktoren werden jetzt und in der nahen Zukunft die allgemeine Nachfrage (der vielen) überhaupt beeinflussen?
- Was spricht für eine verstärkte Nachfrage?
- Was spricht für eine nachlassende Nachfrage?

Will der Konjunkturpolitiker die richtigen Antworten finden, muß er sich vorher allerdings noch ein Bild machen von der Verfassung und von der Struktur der Märkte und der ganzen Volkswirtschaft. Wie »reich« – scheinbar »gesättigt« – ist eine Volkswirtschaft? Das ist die Frage nach der Nachfrageelastizität. Die Frage gilt dem eigentlich »entbehrlichen« Konsum. Wie groß ist der Anteil der eigentlich entbehrlichen Güter? Die Frage nach dem Entwicklungsgrad der Wohlstandsgesellschaft ist ein sehr wichtiger Punkt, keine Frage des Augenblicks, keine Frage der momentanen konjunkturellen Situation, aber eine Angelegenheit der allgemeinen konjunkturellen Anfälligkeit. Im Wohlstand muß man von einem enorm gewachsenen Anteil der »entbehrlichen« Güter (und Leistungen) ausgehen und aus diesem Grund davon, daß die Anfälligkeit der Konjunktur deshalb besonders groß geworden ist (Porsche-Effekt). Wohlstandserhaltung ist schwerer als Wohlstandsschaffung.

Konjunkturpolitik kann nur bestehen aus versuchter Einflußnahme auf die potentiellen Nachfrager, die potentiellen Käufer und Kreditnehmer. Richtige und erfolgreiche Konjunkturpolitik besteht aus einer Globalisierung des konjunkturellen Prozesses, durch Einflußnahme auf die relative Kauf- und Verschuldungsbereitschaft der potentiellen Nachfrager. Eine solche konjunkturpolitische Globalsteuerung ist nicht nur möglich, sie ist ganz unverzichtbar, sie ist ein politisches Gebot in der

Marktwirtschaft. Marktwirtschaftliche Globalsteuerung ist allerdings nur dann »richtig« und marktwirtschaftlich gerechtfertigt,

- wenn sie nur auf das Ganze, also auf die Gesamtwirtschaft und auf alle ihre Teile zugleich, einwirkt,
- wenn sie vornehmlich qualitatives Mittel ist, sich also nicht des Mittels der Zuschüsse oder der Abschöpfungen bedient, sondern des qualitativen Mittels der Spekulationsbeeinflussung (Spekulationsmanipulation) durch Preisniveautrendsignale.

Mangels globaler Beeinflußbarkeit aller Preistrenderwartungen in der Gesamtwirtschaft muß die Trenderwartung für den überall gegenwärtigen »Generalpreis«, für den Zins, beeinflußt werden. Die Globalsteuerung hat aus einer »steuernden Beeinflussung« der Zinsniveautrenderwartungen der überwiegenden Mehrheit aller Marktteilnehmer, also auch aller potentiellen Käufer und Kreditnehmer, zu bestehen. Diese »steuernde« Beeinflussung erfolgt durch entsprechende Zinssignale von der Geldpolitik.

Diese Globalsteuerung durch Beeinflussung der vorherrschenden Zinstrenderwartung ist legitim, nicht systemwidrig und zuverlässig berechenbar. Diese Globalsteuerung ist Aufgabe der Geldpolitik und damit Aufgabe der Notenbank.

Hier sind unsere Wirtschaftslenker gefordert. Wenn sie einsehen, wie unsere Konjunktur funktioniert, wie man sie berechnen kann, dann läßt sich die Wirtschaftsentwicklung auch zum Besseren steuern. Die Konjunkturpolitik hat in Form einer Globalsteuerung aus der gezielten Beeinflussung der allgemeinen, mindestens der vorherrschenden Preis- und Zinstrenderwartung zu bestehen. Das ist Aufgabe der Geldpolitik.

Die Steuerung der überwiegenden/vorherrschenden Zinstrenderwartung ist das einzige verläßliche Verfahren der Konjunkturpolitik. Stabilität, also stabile, inflationsfreie konjunkturelle Entwicklung, gewinnt man nur durch die Aussicht auf Stabilität des Preis- und Zinsniveaus. Für die praktische Konjunkturpolitik ergibt sich daraus folgende Handlungsanweisung: Will man Stabilisierung (der Nachfrage und der Preisentwicklung), will man den Abbau der Inflation, dann schaffe man

Preissenkungserwartung. Möchte man verstärktes Wachstum, Überwindung einer Stagnation, dann schaffe man Preissteigerungserwartung. Will man aber das eigentliche Ziel aller Konjunkturpolitik erreichen, nämlich die Verstetigung der Entwicklung oder, anders ausgedrückt, Wachstum in Stabilität, Wachstum im Rahmen des Produktivitätsfortschritts (mit gerechter Verteilung der Wertschöpfung), dann muß man Stabilitätserwartung schaffen.

Es klingt fast albern und ist doch die ganze Wahrheit:

- Die Stabilität kommt von der Stabilitätserwartung.
- Die Inflation kommt von der Preissteigerungserwartung.
- Die deflatorische Rezession kommt von der Erwartung eher rückläufiger Preise, der Erwartung von Preisverfall.

Das alles gilt immer nur, wenn Mehrheiten die gleiche, die gleichgerichtete Erwartung teilen. Damit sind zugleich die drei möglichen konjunkturellen »Großwetterlagen« genannt:

1. Stabilität (das Ideal),
2. Inflation (»Übernachfrage«),
3. Deflation (»Unternachfrage«).

Von Nr. 1 träumen wir. Erlebt haben wir dieses Wetter schon sehr lange nicht mehr. Nr. 2, Inflation, glauben wir zu kennen, aber wir erkennen sie nicht. Nr. 3, Deflation, ist weder bekannt noch erkannt.

Nun wird man fragen: »Wie soll die Wirtschafts- und Konjunkturpolitik auf die offenbar ausschlaggebende Preistrenderwartungen der Wirtschaftsteilnehmer einwirken, wie sie in die gewünschte Richtung lenken? Wie soll die gewünschte Globalsteuerung funktionieren?« Meine Antwort: mit Zinspolitik.

Wir können davon ausgehen, daß die in der Wirtschaft jeweils vorherrschende Erwartung hinsichtlich der weiteren Zinsentwicklung stellvertretend für die allgemeine Preistrenderwartung gilt. Das heißt: Die Erwartung steigender Zinsen ist zugleich eine repräsentative inflationsverstärkende Preistrenderwartung. Zinssteigerungserwartung ist also verstärkte Inflationserwartung. Die Erwartung fallender Zinsen hingegen begründet immer eine inflationsdämpfende, eine allgemeine deflationäre Erwartungshaltung, die durch praktizierten Attentismus (Kaufzurückhaltung) die deflationäre Rezession auslöst.

Das alles bedeutet, daß die unverzichtbare konjunkturpolitische Globalsteuerung Sache der Geldpolitik ist. Bei uns in Deutschland wird die Konjunktur nicht in Bonn oder Berlin, sie wird in Frankfurt gemacht. Leider wird die Geldpolitik des Zentralbankrates genauso schlecht ausgeführt wie in allen Geld- und Währungszentralen der westlichen Welt. Das ist das Elend unserer Tage. Daher kommt die schreckliche Fehlentwicklung der Weltwirtschaft in den letzten Jahren. Die Geldpolitiker der westlichen Welt haben in Unkenntnis der ihnen gestellten Navigationsaufgabe einerseits und dank totaler Fehleinschätzung dessen, was sie mit ihrem geldpolitischen Handeln anrichten, das Schiff Weltwirtschaft auf falschen Kurs gebracht. Was wir erleben, ist das Schicksal der »Titanic«. Unser Dampfer läuft auf, schlägt leck – aber die Champagnerkorken knallen.

Europa und der Crash

Es ist merkwürdig, noch sprechen wir von »Nationalökonomie« und der »Volkswirtschaft«, wenn wir die Wirtschaft des Landes, wenn wir die noch vorwiegend nationale Wirtschaftspolitik vor Augen haben. Danach ist auch die Weltwirtschaft noch nichts anderes als ein Zusammenspiel der nationalen Volkswirtschaften, obwohl die Verflochtenheit dieser Weltwirtschaft vielfach schon den Grad einer richtigen Integration erreicht hat.

Bei näherer Betrachtung wird man feststellen, daß die wirtschaftspolitische Autonomie der Nationalstaaten zunehmend eingeschränkt worden ist und eigentlich nur deshalb noch eine leidlich respektierte Rolle spielt, weil die Nationalstaaten über eine eigene Währungshoheit verfügen. Das nationale Geld läßt die Fiktion einer selbständigen Wirtschaftspolitik noch aufrechterhalten. Die nationale Geldpolitik hat Vor- und Nachteile. Sie bietet einerseits die Chance, es besser als der Nachbar zu machen, ermöglicht andererseits die Aufrechterhaltung von antiquierten Verfahren, die das Miteinander zwar nicht unmöglich machen, es aber doch behindern. Der Geld- und Kapitalverkehr und auch der Zahlungsverkehr setzen sich letzten Endes doch über alle administrativen und politischen Währungsbarrieren hinweg, allerdings mit erheblichen Reibungsverlusten und Störungen, die von den nationalen Wirtschaftspolitikern verursacht werden und vom unterschiedlichen Geld. Vor diesem aktuellen wirtschafts- und währungspolitischen Hintergrund stellt sich die grundsätzliche Frage nach der wirtschaftspolitischen, ja mehr noch nach der politisch-konzeptionellen Zukunft des vereinten Europa und der Welt.

Der Kommunismus liegt im Koma, der Sozialismus kränkelt dahin. Der Kapitalismus schießt ins Kraut und wuchert sich – wenn nichts geschieht – zu Tode. Das ist das gegenwärtige Szenario auf der Bühne der Weltwirtschaft. Jetzt steht der Auftritt des vereinigten Europa unmittelbar bevor. Welche Rolle wird das vereinte Europa spielen im großen Drama der Weltwirtschaft, und nach welcher Partitur, nach welchem politischen Drehbuch der Wirtschaftspolitik wird es seine Rolle spielen? Die Entscheidung ist noch offen. Es ist zugleich die Entscheidung über die Zukunft der Weltwirtschaft.

Wird die ganze Weltwirtschaft, in die jetzt alle, vor allem auch die enttäuschten Kommunisten, hineindrängen, wird die ganze Weltwirtschaft so etwas wie eine Vollendung des Kapitalismus? Darüber entscheidet Europa. Diese Frage wird bestimmt werden von der Politik des vereinten Europa, von Verfassung und Struktur des gemeinsamen europäischen Marktes, vom politischen Kurs der europäischen Wirtschafts- und Währungsunion. Es ist das Drama »Weltwirtschaft heute und morgen«. Der Ausgang des Dramas ist offen. Der Titel des Stücks heißt jedenfalls: »Triumph des Kapitalismus oder Fiasko der Marktwirtschaft«.

Der Ausgang ist offen, weil nicht nur in Europa, sondern weltweit keine Einigkeit besteht über den einzuschlagenden wirtschaftspolitischen Kurs, weder über das theoretische Konzept noch über die praktisch-politische Handhabung einer privatkapitalistischen, marktwirtschaftlich orientierten Weltwirtschaft.

Das Drama »Weltwirtschaft« ist in vollem Gange. Die Entwicklung ist allerdings schon weitgehend außer Kontrolle geraten. Das bedeutet auch, daß der Auftritt des vereinten Europa größte Chancen und höchste Risiken zugleich beinhaltet. Nur Europa kann nämlich den inzwischen führerlos dahinrasenden Karren der Weltwirtschaft noch aufhalten, oder auch Europa stürzt in den Abgrund.

Was tun? Eine verläßliche kapitalistische Wirtschaftspolitik muß auf zwei Grundelementen beruhen: stabiles Geld und unbeschränkter Wettbewerb zwischen überwiegend privaten Wirtschaftsinteressen. Ohne die Verläßlichkeit des Geldes und ohne die Dominanz des Privaten in allen Märkten geht eine freie Wirtschaft immer wieder zu Bruch (übrigens nicht wegen der »inneren Widersprüche«). Diese Grundelemente hat kapitalistische Wirtschaftspolitik zu garantieren. In beiden Punkten hat die Politik leider bisher überall versagt. So kam es zur Schuldenkrise, die viel mehr ist als nur ein mittelschwacher Betriebsunfall, der nur gewisse Reparaturen notwendig machen würde.

Die durch die Überschuldungskrise gekennzeichnete prekäre Lage der prinzipiell kapitalistischen Weltwirtschaft schreit nach schmerzhafter Bereinigung und nach einem Neuanfang. Diese Bereinigung und dieser Neuanfang könnten ausgehen von Europa, diesem alten Europa, das jetzt selbst vor einem Neubeginn steht als der bedeutendste wirtschaftliche und wirtschaftspolitische Großraum und das in seiner Geschichte alle diese politischen Ideen hervorgebracht hat, mit denen wir uns noch heute auseinandersetzen.

Der verwirklichte gemeinsame Binnenmarkt wird den überfälligen »Crash« und dann den stabilen Neubeginn bringen. Diese Entwicklung vollzieht sich in drei Phasen:

- Die erste Phase bringt eine verstärkte inflationäre Überkonjunktur in Erwartung des erweiterten Marktes (Europa-Euphorie).
- Die zweite Phase, in die wir hineinschlittern, kennzeichnet sich durch einen Konjunktureinbruch durch Ausbleiben der erwarteten Nachfrage.
- Die dritte Phase – spätestens ab 1993 – bringt den eigentlichen deflationären »Crash« durch zunehmende und verbreitete Zah-

lungsunfähigkeit von Schuldnern und damit den Einsturz des Schuldenturms.

Heute herrscht noch verstärkte inflationäre Überkonjunktur. Das gilt für Deutschland, für Europa und für die Weltwirtschaft gleichermaßen. Wir in Westeuropa stehen an der Schwelle zur zweiten Phase, die mit nachlassender Preisinflation, mit fallenden Zinsen, mit stagnierender Nachfrage, also mit Abkühlung beginnt. Anschließend folgt ein Rückgang der Nachfrage wegen zunehmender Preisstabilität und rückläufiger Zinsen. Eine Zinstrenderwartung nach unten lähmt dann die Nachfrage. Die dritte Phase kommt zwingend nach der zweiten Phase: Die Absatzstockung nach Überproduktion bringt mehr Insolvenzen. Insolvenzen bedingen Forderungsausfälle. Die faulen Schulden nehmen zu. Daraus entwickelt sich ein deflationärer Prozeß mit Kettenreaktion und vielen Zusammenbrüchen. Der Crash – ante portas.
Der Crash ist nichts anderes als deflationäre Geld- und Schuldenvernichtung (Schulden-Kartenhäuser stürzen ein). Am Ende folgt die Wirtschaftskrise. Der monetäre und ökonomische Crash der Weltwirtschaft als notwendige Bereinigung und Beseitigung der Inflationsschulden (Überschuldung) kommt einmal so sicher, wie der Rhein bergab fließt. Ohne Europa 92 hätte der Crash bei uns schon begonnen. Nun kommt er hier später, aber in USA und Japan fängt es jetzt an.
Für mich besteht schon lange kein Zweifel daran, daß die inflationäre Schieflage der Weltwirtschaft mit einer anderen Geldpolitik hätte vermieden werden können. Jetzt aber noch eine Änderung und Neuorientierung der Geldpolitik zu erwarten wäre nicht nur unrealistisch, eine Umstellung jetzt würde auch gar nichts mehr bessern, denn die deflationäre Bereinigung kommt unabwendbar, vor allem aber besitzt die alte Geldpolitik ohnehin kaum mehr Bewegungsspielraum, wie ich in der Beschreibung der »Zinsfalle« deutlich zu machen versucht habe. Es ist außerdem zu erwarten, daß eine unbeirrt fortgesetzte Geldmengenpolitik den deflationären Prozeß der Rezession und der Schulden- und Geldvernichtung durch »Lockerung« in Gestalt versuchter »Geldvermehrung« und durch damit hervorgerufene Zinssenkung unbeabsichtigt prozyklisch forcieren wird.

Trotzdem besteht jetzt die große Chance, für die Zeit »danach« eine radikale Reform der Geldpolitik vorzubereiten und einzuleiten mit der Einführung von ganz neuem Geld in Europa und in der Welt, das dann einer anderen Geldpolitik anvertraut werden könnte. Meine Vorschläge für ein »neues Geld für die Welt« habe ich schon seit Jahren vorgelegt, sie dürfen jetzt hier nicht fehlen, allein schon um der berechtigten Mahnung zu begegnen, daß, wer kritisiert, dann auch sagen müsse, wie man es besser machen kann.

Neues Geld für Europa und die Welt

Mit der Schaffung des Gemeinsamen Marktes, mit dem Zusammenwachsen der beiden bisher getrennten deutschen Staaten und mit der Überwindung der letzten sozialistischen Wirtschaftsverfassungen ergibt sich die historische Möglichkeit, die wichtigste Voraussetzung für eine weitgehend krisenfeste privatkapitalistisch verfaßte Weltwirtschaft zu schaffen – durch eine überall akzeptierte, weil zuverlässig stabile neue Weltwährung.

Gemeint ist ein überall gültiges, ein nicht mehr politisch manipulierbares, sondern lediglich an einen unveränderlichen zentralen »Leitzins« gebundenes, im übrigen ganz der natürlichen vom Markt bestimmten autonomen Geldschöpfung (und Geldtilgung) überlassenes *übernationales Geld für alle* in der Welt.

Dieses neue übernationale Geld ist keine Utopie. Es ist die durchaus realistische und vor allem »richtige« Lösung der bis heute noch nicht gelösten »Geldfrage«. Folgende Schritte zur Verwirklichung des Vorschlags empfehle ich. Zwischen den nationalen Zentralbanken beziehungsweise zwischen den Regierungen werden nachstehende Maßnahmen und Schritte vertraglich vereinbart:

1. Der Name der neuen Währungseinheit und ihrer Untereinheit.
2. Die Anerkennung der neuen Währung als Zahlungsmittel in jedem Land.
3. Alle weiterbestehenden nationalen Zentralbanken erklären sich

übereinstimmend bereit, der Kreditwirtschaft ihres Landes – für das einzelne Kreditinstitut natürlich innerhalb bestimmter Bilanzrelationen – eine Refinanzierung des Kreditgeschäftes in neuem Geld zum festen Zinssatz von 1,5 Prozent anzubieten.

4. Jede Finanzierung der öffentlichen Hand ist ausgeschlossen. Der Staat wird an den privaten Geld- und Kapitalmarkt verwiesen.

5. Der Wechselkurs für die neue Währung im Verhältnis zur jeweiligen Landeswährung am Tage der gemeinsamen Einführung der neuen Währung. Die Wechselkurse sind fest und gelten so lange, wie nationale Währungen noch Gültigkeit haben.

6. Die neue Währung wird überall parallel zu den bis auf weiteres fortbestehenden nationalen Währungen eingeführt, wobei für alle Geschäfte die Wahl der Währung freigestellt wird, allerdings nur unter Zugrundelegung des fixierten Wechselkurses.

7. Es kann vorgesehen werden, die anfangs fixierten Wechselkurse nach Ablauf einer Frist von sechs bis zwölf Monaten der freien Kursbildung zu überlassen, soweit die nationale Währung dann noch von Bedeutung ist.

Die schrittweise Einführung einer gemeinsamen übernationalen Währung ist das Gebot der Stunde. Die Verwirklichung sollte bei Einsicht und gutem Willen aller Beteiligten bald gelingen. Der besondere Vorteil einer supranationalen Währung ist der Fortfall der Wechselkursschwankungen und damit die Ermöglichung eines fairen Wettbewerbs zwischen Ländern und Regionen verschiedenartigster Struktur, Entwicklung und Leistungsfähigkeit.

Die größten Hindernisse auf dem Wege zur Verwirklichung dieses Vorschlags sind nicht die notwendige Umstellung ökonomischer Strukturen, nicht technische Details, auch nicht die schwierigen Bewertungsfragen, sondern der für das Verständnis dieser Überlegungen unverzichtbare Abschied von gewohnten Vorstellungen vom Geld, von der Geldschöpfung, von der Kaufkraftstabilität und von der Rolle der souveränen Staaten und ihrer Zentralbanken.

Den meisten Laien, noch mehr aber den Fachleuten muß der Gedanke einer staatsfreien und zentralbankunabhängigen, von keiner nationalen und fortlaufenden Geldpolitik überwachten Währung als absurde Utopie erscheinen. Dabei wäre dies die Befreiung von den größten für die privatkapitalistische Wirtschaft noch immer ungelösten Probleme, nämlich die Stabilität des Geldes und die Verstetigung der Konjunktur. In Sachen neue Weltwährung können wir Europäer den Vorreiter spielen. Ich schlage vor, den Ecu ganz als vollgültige Währung neben den weiter geltenden nationalen Währungen in allen Ländern der Gemeinschaft durch einfache Autorisierung der ganzen Kreditwirtschaft zur Kontoführung und damit für den ganzen unbaren Zahlungsverkehr einzuführen. Vollgültige Währung soll heißen, daß man den »Korbcharakter« des Ecu aufgibt, also die Wechselkursbindung an die anderen europäischen Währungen beendet, und auf diese Weise den Ecu der eigenen freien Wechselkursbildung aussetzt. Der eigentliche Clou des Vorschlages besteht aber darin, daß von der Installierung einer für die geldpolitische Betreuung und Beaufsichtigung der neuen europäischen Währung zuständigen Zentralbank ganz abgesehen werden soll. Geld ohne geldpolitische »Aufsicht« oder gar »Gängelei«. Ein herrlicher Gedanke! Das wäre jetzt eine Chance, die genutzt werden sollte, wenigstens solange die Geldpolitik noch so unvollkommen entwickelt ist. Sage keiner, das geht gar nicht. Das ginge sehr gut. Es gibt nach meinem Dafürhalten tatsächlich nur ein Mittel, um uns im EG-Europa vor den Folgen der kommenden Dollar- und der Yen-Katastrophe einigermaßen zu schützen. Und das wäre die sofortige Einführung einer neuen übernationalen, also nicht der nationalen Geldpolitik unterworfenen, Währung. Eine supranationale Währung, die neben den bestehenden nationalen Währungen nach Bedarf und Akzeptanz sich entwickeln kann und für die ein Höchstmaß an bleibender Stabilität dadurch gewährleistet ist, daß für sie (bei sonst im Markt frei verhandelbaren Zinsen) ein vom Staat über die Zentralbank garantierter ganz niedriger »Grundleitzins« von höchstens 1,5 Prozent gilt. In dem Maße, wie sich die vom Zins her gewährleistete Stabilität des neuen Geldes »herumspricht«, wird dieses neue Geld überall akzeptiert und begehrt werden und so in einem offenen Qualitätswettbewerb die nationalen Währungen mehr und mehr verdrängen. Noch klingt dies nach Utopie. Es ist aber eine realistische Utopie. Also: europäische

Währung ohne eigene Zentralbank – die große Chance für einen Neubeginn.

Die Geldmengenpolitik ist eindeutig schuld daran gewesen, daß wir heute weltweit die größte Anhäufung von faulen Schulden und schlechtem Geld in der bisherigen Geschichte haben. Die Notenbanken sind daran schuld, weil sie es sind, die immer wieder höhere und höchste Zinsen verursacht haben in der guten, aber irregeleiteten Absicht, damit die Inflation zu »bekämpfen«. Das Gegenteil des Gewollten trat ein, mußte eintreten. Die Inflation lebt nämlich von hohen, vor allem von immer wieder steigenden Zinsen (so auch heute). Steigende Zinsen und hohe Zinsen sind der Treibsatz jeder Inflation. Nur fallende Zinsen machen der Inflation den Garaus. Seit zwanzig Jahren weise ich auf diesen Zusammenhang hin. Nur wenige wollen es begreifen, vor allem noch immer nicht die Hauptschuldigen, die Notenbanken. Und da wollen wir eine europäische Währung und eine europäische Zentralbank mit geldpolitischen Vollmachten installieren, die wieder und immer noch auf das monetaristische Rezept eingeschworen ist? Das darf nicht sein! Das wäre eine verpaßte Chance. Ohne eine Neubesinnung in der Geldpolitik, und damit ohne eine neue und ganz andere Geldpolitik überhaupt, muß es heißen: lieber keine europäische Zentralbank als eine solche, die weiter untaugliche Stabilitätspolitik macht wie die existierenden Notenbanken bisher.

Eines hat die Entwicklung der letzten Zeit ganz deutlich werden lassen: Ich meine die unbestreitbare, aber manchmal in Vergessenheit geratene Tatsache, daß die Geldfrage die Schicksalsfrage der Wirtschaft, vor allem einer freien Wirtschaft ist. Es sind drei Komplexe ökonomischer Erfahrung aus jüngster Zeit, die den hohen Stellenwert des Monetären innerhalb des Politischen überhaupt so deutlich haben in Erscheinung treten lassen. Ich meine die *Schuldenkrise in der Welt*, das *Zusammengehen Europas* und die *deutsche Vereinigung*. Diese drei Komplexe werfen jeweils die Geld- und Währungsfrage auf, und in allen entstehenden Diskussionen zeigt sich eine große Ratlosigkeit, die durch kernige Worte und unverbindliche Sprüche kaum zu verbergen ist.

Je mehr über Währungsfragen konferiert und diskutiert wird, desto deutlicher wird erkennbar, daß die Währungs- und Geldfrage bisher offenbar überhaupt noch nicht zufriedenstellend gelöst ist. Dabei erhärtet sich mehr und mehr der Verdacht, daß dies daran liegt, daß es an Einsichten in die realen Zusammenhänge, daß es vor allem an fundiertem Wissen über das Wesen des Geldes fehlt.

Ich stehe unter dem Eindruck, daß jeder Tag, der neue Schreckensmeldungen von der Schuldenfront bringt oder neue Diskussionsbeiträge zur europäischen oder deutschen Währungsunion überdeutlich werden läßt, daß die Geldfrage nicht nur ungelöst, sondern vor allem weithin unverstanden geblieben ist. Weil die Geldfrage aber eine Schlüsselfrage des privatkapitalistischen Systems ist, bedeutet dieses Dilemma eine fatale, höchst beunruhigende Schwäche der privatkapitalistischen Idee. Ein praktisches Beispiel: Am 19. Februar 1990 erschien folgende Anzeige von mir in der FAZ: »Je höher der Zins, desto schlechter das Geld – arme DM – arme Bundesbank.« Was war gemeint?

Die Bundesbank ist selbst schuld daran, daß das Vertrauen in die Stabilität der DM im Augenblick wieder erschüttert ist. Hat sie nicht aller Welt immer ihre eigene Überzeugung demonstriert, daß Inflation ein Geldmengenproblem sei und daß nur Geldknappheit und hohe Zinsen Stabilität gewährleisten würden? Kein Wunder, daß dann die Zinsen auch wirklich inflationär hoch blieben. Die Währungsunion für Europa bietet die riesengroße Chance, endlich gutes, verläßlich stabiles Geld in die kapitalistische Weltwirtschaft einzuführen und damit die alten, verrotteten, inflationär aufgeblasenen, vom Hochzinsfieber geschwächten Währungen – einschließlich der DM – endlich loszuwerden.

»Neues Geld für Deutschland, für Europa und die Welt«, so lautet darum mein Vorschlag. So wird auch verständlich, warum ich unter dem Datum 17. April 1990 folgenden »offenen Brief« an Bundeskanzler Helmut Kohl schrieb:

Sehr geehrter Herr Bundeskanzler,
seien Sie unbesorgt. Ein Mark-zu-DM-Umtausch 1:1 ist absolut kein Stabilitätsrisiko, weil die Preisstabilität niemals von Mengen, schon gar nicht von »Geldmengen« abhängt. Hier irrt die Bundesbank. Glauben Sie mir.

Preisstabilität hat etwas mit den Zinsen zu tun. Nur niedrige, und zwar dauerhaft unveränderbar niedrige Zinsen garantieren Preisstabilität. Eine solche Zinspolitik muß einmal kommen.

Jetzt aber in Deutschland unbedingt Umtausch 1:1 – bedenkenlos! Umtausch 1:1 ist »richtig« und »gerecht«, politisch geboten und ökonomisch-monetär unbedenklich.

Noch besser wäre freilich ein Umtausch von beiden Markwährungen zugleich in eine ganz neue, garantiert stabile »Europa«- oder »Weltwährung« (»Welt-Dollar«) im Verhältnis 3:1 für beide, wenn nicht jetzt, dann erst später.

Mehr dazu von mir im Beisein der Bundesbank – wenn von Ihnen gewünscht.

Mit respektvollen Grüßen

Ihr

J. Ph. Bethmann

Der Brief war »offen«, weil er zugleich an alle wichtigen Wirtschaftsredaktionen ging, natürlich mit der Bitte um Veröffentlichung. Inzwischen hatte ich den »offenen Brief« als Anzeige veröffentlicht in der »Frankfurter Allgemeinen Zeitung« vom 25. April 1990. Ich war dann natürlich sehr zufrieden, als am 23. April in Bonn ein »Angebot« von 1:1 beschlossen wurde und daß die Warnungen und Drohungen der Bundesbank ohne Wirkung geblieben waren.

Es genügt, wenn die staatliche Zentralbank lediglich zwei Funktionen übernimmt,

- als »lender of first resort« durch begrenzte Kreditvergabe nur an die Institute der Kreditwirtschaft direkt,
- als Zinsregulator durch die Festlegung von unveränderlichen Festzinsen für Ausleihungen an die Kreditwirtschaft und für Zentralbankguthaben der Kreditwirtschaft.

Jeglicher weiterer Aktivität sollte sie sich enthalten. In diesem Sinne schlage ich die Einführung einer neuen supranationalen Währung ohne eigene supranationale Zentralbank in allen Mitgliedstaaten der EG und bei garantierter Konvertierbarkeit in weiteren Staaten Europas und der Welt vor. Als Name für die neue Währung ist die Bezeichnung Euro-Franken, Ecu »neu« oder Euro-Dollar nachdenkenswert. Ein Euro-Franken ist gleich 100 Euro-Pennies oder Euro-Cents.

Was ist »neu« am »neuen Geld«, das ich überall einzuführen vorschlage in schrittweiser Ablösung der nationalen Währungen? Das einzig wirklich »Neue« am neuen Weltgeld wäre seine Neutralität und Unabhängigkeit. Keine politische Instanz und kein privates Interesse können einseitig Einfluß nehmen auf das »neue« Geld, weder auf seine »Produktion« (Schöpfung) noch auf seinen Wert (Kaufkraft), noch auf seinen Preis (Zins). Das böte Gewähr für bleibende Stabilität.

Absolute geld- und zinspolitische Enthaltsamkeit beziehungsweise Beschränkung auf das vorgeschlagene, verläßliche Festzinsangebot muß auf jeden Fall den überfälligen Abschied von jeder – ohnehin untauglichen – Geldmengenpolitik bedeuten. Das Geld der Zukunft – in Europa, in Deutschland und dann in der Welt – ist das »privat« geschöpfte, vom natürlichen Interessengegensatz der am Geldschöpfungsprozeß Beteiligten zins- und preisstabil gehaltene und von keinerlei geldpolitischen Experimenten nationaler Notenbanken abgelenkte und instabil gemachte Geld, das überall gilt, keine Grenzen mehr kennt, keiner Konvertibilität und keines spekulativen Devisenhandels bedarf. Nur dieses neue stabile Geld wird den fairen Wettbewerb in der Welt zwischen den unterschiedlichen Ländern und Regionen gewährleisten.

Lob des Kapitalismus

Wir erleben in diesen Tagen eine historische Entwicklung, den Endkampf zwischen Sozialismus und Kapitalismus. Der Kapitalismus wird siegen, weil er über die bessere »Kondition« verfügt. Der Kapitalismus hat aber noch nicht gesiegt, und zwar aus dem einfachen Grund: weil er seine bessere »Kondition« nicht genügend genutzt hat.

Mein Urteil in einem Satz: Der Sozialismus ist am Ende – der Kapitalismus wird siegen, er ist aber noch in einer schweren Krise. Damit ist auch gesagt, daß ich die Krise des Kapitalismus bedauere.

Wie komme ich zu diesem Urteil und zu dieser Bewertung? Wie steht es grundsätzlich um die »Kondition« der beiden rivalisierenden politischen Konzepte? Wenn man ein politisches Konzept bewerten, wenn man seine Güte, seine Qualifikation beurteilen will, dann kann und soll man nur einen einzigen gültigen Maßstab anlegen, den Maßstab des Humanen – Politik wird für die Menschen gemacht.

Die richtig gestellte Frage muß darum lauten: Welches politische Konzept ist am besten geeignet, dem Menschen zu dienen, der Natur des Menschen gerecht zu werden, ein menschenwürdiges Leben für alle zu gewährleisten? Darum geht es, um nichts anderes. Es geht um mehr als nur um materiellen Wohlstand, um mehr als ein vordergründiges irdisches Glück. Jedenfalls geht es bestimmt nicht um diese Güter allein. Es geht auch um diese, aber eben »auch«, unter anderem. Das Ganze, das es zu erreichen, das es optimal zu verwirklichen gilt, ist das »größtmögliche Glück für alle«, das aus der bestmöglichen Erfüllung dessen besteht, was alle Menschen außer dem Materiellen, ja über das Materielle hinaus, für eine menschengerechte, menschenwürdige Existenz hier auf Erden unverzichtbar brauchen. Das ist das eigentliche Glück. Es ist die optimale Stillung der elementaren Bedürfnisse des Menschen. Was diese elementaren Bedürfnisse des Menschen konkret und im einzelnen sind, wird im nachstehenden ausgeführt. Ich sage nur, kein politisches Konzept bringt bessere Voraussetzungen mit, um dem gestellten Anspruch zu genügen, als das Konzept des Kapitalismus. Und ich füge an: Der Sozialismus ist von vornherein, von seiner Konzeption her, völlig ungeeignet, diesen Ansprüchen zu genügen. Den humanen Sozialismus, den gibt es nicht. Und ich sage dies nicht erst heute, nachdem so viele Experimente des Sozialismus gescheitert sind. Ich habe es immer schon gesagt, vor allem in Zeiten, in denen ein solches Bekenntnis unpopulär und sogar gefährlich war. Damals genierten sich die meisten Kapitalisten, vom Kapitalismus zu sprechen. Ich nicht. Schon immer argumentierte ich mit den Worten und Formulierungen, die schon vor Jahren entstanden sind und die ich auch heute noch verwende und die heute wieder viel verständlicher erscheinen. Um Mißverständnisse von vornherein zu vermeiden, muß ich allerdings näher erläutern, was ich unter »Kapitalismus« verstehe.

Schon in den Jahren der wildesten linken »Systemkritik« habe ich dem Modewort »Spätkapitalismus« bewußt provokativ meine These vom »Kapitalismus, der erst am Anfang steht«, entgegengesetzt. Die Linken hörten hin, setzten sich mit mir auseinander. Das offensive Bekenntnis zum Kapitalismus und die objektive politische Begründung für dieses Bekenntnis beeindruckten auch die nach Orientierung suchenden Jüngeren. Will man für eine politische Konzeption werben, dann darf man nicht nur die Wohltaten, Leistungen und Erfolge von gestern aufzählen, man muß auf die Chancen für morgen hinweisen und diese begründen – darauf kommt es an. Nur das überzeugt.

Jedenfalls galt immer: Wer ja sagte zu einem so verketzerten Begriff wie dem des Kapitalismus, der mußte Argumente haben – so schlagkräftige, so überzeugende und so glaubwürdige, daß der Begriff des Kapitalismus wieder einen neuen, einen anderen, einen positiven Klang bekam.

In diesem Sinne sage ich heute wie damals: Der Kapitalismus ist jünger, als manchen Weltverbesserern lieb ist. Gerade auch die wütenden Angriffe auf den Kapitalismus damals, auch die Voraussagen seines baldigen Endes, sie beruhten auf dem Eindruck, daß der Kapitalismus eigentlich doch voller Lebenskraft steckt und eben erst richtig angefangen hat, sich zu entwickeln. Der Kapitalismus ist noch immer jung. Wer den Kapitalismus bejaht und sich für ihn einsetzt, der darf nichts verherrlichen, nichts beschönigen, sondern er muß überzeugt und überzeugend die guten Gründe vorbringen, die eine privatkapitalistische Ordnung als die beste aller möglichen Ordnungen erscheinen lassen.

Es war und es ist meine feste Überzeugung: Der Kapitalismus bietet die besten, vielleicht die einzigen Voraussetzungen für die Verwirklichung einer humanen Gesellschaft. Nur der Kapitalismus ermöglicht auch wirkliche Demokratie. Der Kapitalismus von heute scheint der alte liberale Laissez-faire-Kapitalismus zu sein. Er ist es nicht. Er ist es nur insofern, als das Grundmodell gemeint ist. Er ist es insofern aber nicht, als eine automatische und restlos befriedigende Lösung aller gesellschaftlichen Aufgaben vom Marktprozeß allein nicht erwartet wird.

Wie gesagt, jedes politische Konzept und jedes politische System muß sich daran messen lassen, wie gut und wie effizient es die höchsten Ziele einer menschengerechten Politik zu verwirklichen vermag: Freiheit, Gerechtigkeit und Geborgenheit. Diese drei Grundelemente sind die Voraussetzung für eine humane Gesellschaft. Sie sind alle unverzichtbar, aber keines dieser Grundelemente ist für sich vollkommen und ungeschmälert zu haben. Das liegt auch daran, daß diese Grundelemente miteinander konkurrieren und sich wechselseitig beschränken. Alle drei sind gefragt. Alle drei gilt es zu befriedigen. Eine täglich gestellte, nie endgültig gelöste Herausforderung.

Der wohlverstandene, der politisch ernst genommene Kapitalismus ist allen anderen gesellschafts- und wirtschaftspolitischen Konzepten haushoch überlegen, weil er allein in der Lage ist, die genannten Grundbedürfnisse des Menschen bestmöglich zu erfüllen. Allerdings nur unter der Voraussetzung, daß er politisch richtig gehandhabt wird.

Werfen wir einen Blick auf die einzelnen von mir genannten Elemente: Wie steht es um die Freiheit? Es gibt keine politische Freiheit ohne wirtschaftliche Freiheit. Wirtschaftliche Freiheit, grundsätzlich Freiheit der wirtschaftlichen Entscheidung, und zwar für alle, ist im Kapitalismus systemimmanent.

Diese Freiheit muß im Kapitalismus nicht erst gewährt, sie muß im Gegenteil im Interesse der anderen humanen Postulate Gerechtigkeit und Geborgenheit von der Gesellschaft begrenzt werden. Eine gewisse Begrenzung liegt schon im Wettbewerb, wenn er funktioniert. Sie muß aber auch bestehen in Gesetzen und dann, nicht zuletzt, in einer sozialen Gesinnung, die es wachzuhalten gilt. Wenn also Freiheit mit größtmöglicher Gerechtigkeit und Geborgenheit realisiert werden soll, kommt es auf Erhaltung des Wettbewerbs, auf korrigierende Gesetze und auf eine Ethik im Kapitalismus an.

Und weiter: Wie steht es mit der Gerechtigkeit? Was leistet der Kapitalismus für die Gerechtigkeit? Leistet er überhaupt etwas für die Gerechtigkeit? Ist es nicht der Vorwurf der Ungerechtigkeit, der den Kapitalismus von vornherein als humanes Gesellschaftssystem disqualifiziert? Die Reichen werden immer reicher, die Armen immer ärmer. So scheint es zu sein. So entstehen unausrottbare Vorurteile. Zu Unrecht, wie die Entwicklung in den Ländern erkennen läßt, die den fortschrittlichen, aufgeklärten Kapitalismus, nämlich die soziale Marktwirtschaft verwirklicht haben. Aber auch ohne diesen Hinweis auf eine bessere Wirklichkeit wird man bei unvoreingenommener Betrachtung den Vorwurf der Ungerechtigkeit gegenüber dem Kapitalismus nicht aufrechterhalten können. Allein schon, wenn man den Wettbewerb in allen Märkten ernst nimmt, wird man den unverfälschten Leistungswettbewerb, der immer noch den Ausschlag gibt, als einen Ausdruck der Leistungsgerechtigkeit und damit als ein Element der Gerechtigkeit überhaupt anerkennen müssen. Der Tüchtigere gewinnt. Nur der Untüchtige hält das für ungerecht. Und doch ist diese Leistungsgerechtigkeit, ist diese gnadenlose Auslese unter ungleichen Wettbewerbern natürlich nicht die endgültige und befriedigende Antwort auf das Postulat größtmöglicher Gerechtigkeit. Aus dem einfachen Grunde nicht, weil Leistungsgerechtigkeit immer auch ein Hinnehmen, ein unkorrigiertes Hinnehmen dessen ist, was das Verlangen nach mehr Gerechtigkeit überhaupt erst entstehen läßt, nämlich die gottgegebene natürliche Ungerechtigkeit, die aus der extremen Ungleichheit in der Natur erwächst. Wir sind alle ungleich, und in der ungleichen »Tüchtigkeit« der Wettbewerber steckt von vornherein ein gerüttelt Maß an Ungerechtigkeit. Weil es so ist, lautet die der Politik in diesem Zusammenhang gestellte Aufgabe weniger: »Schafft mehr Gerechtigkeit«, sondern eher: »Schafft weniger Ungerechtigkeit.« Oder anders ausgedrückt: »Korrigiert, so gut es geht und so gerecht wie möglich, die naturgegebene Ungerechtigkeit. Helft den Schwachen und Benachteiligten. Korrigiert die Ergebnisse des Wettbewerbs, indem ihr für Sicherung und für Bewahrung vor der unverschuldeten Verelendung durch ausgleichende Hilfe der Solidargemeinschaft sorgt.«

In der Praxis des politischen Lebens heißt das: Zur kapitalistischen, also marktwirtschaftlichen Wirtschaftspolitik gehört unverzichtbar die ergänzende subsidiäre Sozialpolitik. Dann wird aus dem hemmungslosen Laissez-faire-Kapitalismus mit Gerechtigkeitsdefizit der soziale und wirklich humane Kapitalismus, bekannt inzwischen als soziale Marktwirtschaft. Selbst wenn die Korrektur der natürlichen Ungerechtigkeiten des Kapitalismus nur unvollkommen gelingt, mehr Gerechtigkeit als der perfekteste Sozialismus bringt das kapitalistische System mit funktionierendem Wettbewerb allemal.

Und die Geborgenheit? Kann der Kapitalismus Geborgenheit bieten? Er kann es sehr wohl, und auch dies wieder auf zweierlei Weise. Zum einen durch Verläßlichkeit, Transparenz und auch durch die erkennbaren Beiträge zur Gerechtigkeit. Zum anderen auch durch die Schaffung von Sicherungs- und Schutzeinrichtungen, durch ein Höchstmaß an Rechtssicherheit, und dies auch im ökonomischen Bereich, vor allem im Zentrum des privatkapitalistischen Geschehens, im Wettbewerb. Nicht der freiheitsberaubende Polizeistaat vermittelt die geforderte Geborgenheit, sondern der demokratische Rechtsstaat, der dem einzelnen die Gewähr gibt, zu seinem Recht zu kommen und in seiner privaten Sphäre geschützt zu sein. Das kann und muß die kapitalistische Gesellschaft bieten.

Alles in allem wird man sagen können – und ich habe dies vor vielen Jahren schon gesagt: Das System des Kapitalismus bringt nicht nur in sich – immanent, von seinem Wesen her – die Freiheit zum Handeln, sondern es bringt auch die Freiheit vom Zwang, die größtmögliche Befreiung von Not, Armut und von anderer Abhängigkeit. Kapitalismus ist Freiheit und bringt Freiheit, nicht nur für wenige, sondern für die vielen.

Die Chancen des kapitalistischen Systems sind groß, ihre Wahrnehmung ist eine Frage des politischen Willens und der politischen Fähigkeit. In dieser Hinsicht ergeben sich fünf Forderungen an die Politik:

1. Ständige Bemühung um größtmögliche Stabilität der Kaufkraft. Stabiles Geld ist der wichtigste Beitrag zur Gerechtigkeit. Stabiles Geld ist die entscheidende praktische Grundvoraussetzung für gute Gesellschaftspolitik. Um Stabilität muß ständig gekämpft werden. Inflationäre Geldentwertung ist politische Todsünde, sie ist öffentlicher Betrug, soziales Verbrechen.

2. Ständige Bemühung um Erhaltung von maximalem Wettbewerb in der Wirtschaft. Hierzu gehört eine sinnvolle Strukturpolitik, die vor allem dafür sorgt, daß neue Wettbewerber in den Markt kommen wollen und kommen können. Die Regeneration der Wirtschaft von unten durch Nachwuchs ist wichtiger als die Zerschlagung oder Verhinderung marktbeherrschender Riesen.

3. Ständige Bemühung um Korrektur der Leistungsgerechtigkeit. Ausgehend davon, daß der Kapitalismus durch Leistungsauslese mehr Gerechtigkeit bringt als alle vorhandenen und denkbaren Systeme, bleibt stets ein Rest zu korrigieren; abgesehen davon, daß wirtschaftliche »Leistung« nicht das Maß aller Dinge ist. Also Korrektur des Korrekturbedürftigen. Hierzu gehört eine Bildungspolitik, die für Chancenangleichung sorgt, gehört eine Sozialpolitik, die den wirklich Schwachen hilft, gehört aber auch eine Steuerpolitik, die dafür sorgt, daß die Bäume nicht in den Himmel wachsen. Steuerpolitik ist insofern auch ein Stück Gesellschaftspolitik.

4. Ständige Bemühung um Verhütung von Machtkonzentration und Machtmißbrauch. Ökonomische Macht muß durch Erhaltung von Wettbewerb und Vollbeschäftigung einerseits weitgehend und ausreichend neutralisiert werden.

5. Schließlich: Entwicklung von Bürgersinn und Förderung der Sozialmoral. Der Mensch ist von Natur nicht nur ein unsozialer Egoist. Er wird es aber, wenn man seine sozialen Anlagen nicht mobilisiert, sondern sie im Gegenteil erstickt. Das muß vermieden werden. Hierzu gehört eine Politik, die nicht nur verspricht, sondern auch etwas erwartet und verlangt, die nicht nur Ansprüche weckt, sondern auch Ansprüche stellt – und zwar an jeden.

So wichtig die genannten politischen Aufgaben sind, ein Weiteres wird meist übersehen. Die Politik hat nicht nur die Grenzen abzustecken, innerhalb deren sich freie Märkte entfalten können und sollen. Die Politik hat auch darüber hinaus die Aufgabe, die Weiterentwicklung der Wirtschaft, den dynamischen Wirtschaftsprozeß zu begleiten und zu beeinflussen. Die Politik hat die unverzichtbare Aufgabe der »Globalsteuerung« der Wirtschaft. Mit diesem etwas anrüchigen Wort ist die ständige Einflußnahme auf den konjunkturellen Ablauf in Gestalt einer Signalgebung gemeint. Die von der Politik ausgehenden Signale für die Märkte müssen Signale der Stabilität und der Verstetigung sein. Die Stabilität des wirtschaftlichen Wertesystems und die Verstetigung des Wirtschaftsprozesses können nicht gelingen, wenn die Politik keine oder gar falsche Signale sendet.

Betrachtet man den »real existierenden Kapitalismus«, so wird man erkennen müssen, daß Anspruch und Wirklichkeit noch zu weit auseinanderklaffen. Wir sind in der kapitalistischen Welt vom richtigen Kurs abgewichen. Es liegt an uns, den prächtigen Dampfer »Kapitalismus« in eine friedvolle und segensreiche Zukunft zu steuern.

5 Variationen zum Thema

Wer über Wirtschaft nachdenkt, kann noch Erstaunliches entdekken. In der Wirtschaft ist so vieles unerforscht, da kann man nur staunen. Vor allem aber kann man Entdeckungen machen, die oft sensationell sind. Das Suchen macht Spaß und das Finden noch mehr. Von dem, was man da so findet, möchte man natürlich erzählen. Andere sollen es auch erfahren. Vor allem wenn die Neuentdeckung eine neue Sicht der Dinge vermittelt und alte Vorstellungen und scheinbar letzte Wahrheiten über den Haufen wirft.

So schreibe ich fast jeden Tag. Nicht nur Bücher, sondern Anzeigen, Vorträge, Artikel und Briefe. Viele Briefe, immer mehr, weil es ja auch Antworten gibt und dann noch den »Bethmann Brief«, in dem ich jeden Monat aus meiner Sicht Stellung nehme zur Entwicklung der Weltwirtschaft in den vorausgegangenen letzten vier Wochen. Mit alledem versuche ich, meine Leser oder Zuhörer mit meiner Sichtweise vertraut zu machen und damit zugleich Bundesgenossen zu gewinnen für die Durchsetzung einer neuen und richtigen Wirtschaftspolitik, die aus dem Kapitalismus endlich mehr macht, als die Politiker bisher zustande gebracht haben. Das ist meine Absicht. Das ist mein Thema.

Zu diesem Thema folgen an dieser Stelle noch einige Variationen. Es sind Gelegenheitsarbeiten von mir, aber auch von anderen. Vielleicht verstehen Sie danach noch besser, was ich will. Das wäre schön.

»Da lachen ja die Hühner«

*Im August 1976, ich war damals noch Chef der Bethmann
Bank in Frankfurt, erschien folgender Artikel über
mich im SED-Blatt »Der Kämpfer«, der Hauspostille der
»Betriebskampfgruppen« in der DDR. Was hier an
antikapitalistischer Propaganda über mich zusammengetragen
wurde, ist wirklich bewundernswert, vom »adligen Subjekt«
über meine »Finanzpfoten« bis hin sogar zum Völkermord
reichen die Titulationen und absurden Vorwürfe, die sich
der »Redakteur« aus den Fingern gesogen hat. Urteilen Sie
selbst. Ein Zeitdokument aus vergangenen Tagen. Als ob es
nur ein Spuk gewesen sei.*

Freiherr von Bethmann – Todfeind des Volkes an den Schalthebeln der Macht in der BRD

Etwa 150 Privatbanken konkurrieren gegenwärtig noch in der BRD um Geld, Kredit und hohen Extraprofit für die immer reicher werdenden Reichen. Aber nur wenige »Privat«-Banken haben noch angesichts der wachsenden Kapital- und Machtfülle der dominierenden Monopolbanken echte Zukunftschancen. »So gesehen und die ständigen Bankpleiten vor Augen«, stellte neulich ein solcher Privatbankier fest, »sind eigentlich nur noch zwei Institute vor Überraschungen sicher. Das sind das Hamburger Bankhaus Schröder, Münchmeyer, Hengst & Co. . . . und das ist die Frankfurter Bethmann-Bank.« Ob dem in der Tat so ist, wollen wir dahingestellt sein lassen, aber es lohnt, den Chef der letztgenannten Bank ein wenig unter die Lupe zu nehmen.

Es ist der Privatbankier Johann Philipp Freiherr von Bethmann. Die Chronik umflort das Unternehmen als eines der ältesten Bankhäuser Europas. 1748 wurde es in Frankfurt am Main aus der Taufe gehoben. Und die jüngste offizielle Statistik weist seinen 1924 geborenen Chef immer noch als einen der reichsten Männer in der gewiß an Millionären nicht armen Mainmetropole aus. Stets und zu jeder Zeit wußten die Bethmanns aus ihren Millionen den entsprechenden Machtbesitz und Wucher zu schlagen. Die Urahnen und Ahnen sahnten aus dem aufblühenden Kapitalismus klingende Münze. Reichlich finanzierten die Vorfahren des Johann Philipp die Kriegsrüstungen für drei blutige Kriege des deutschen Militarismus und Imperialismus und schließlich des Faschismus. Mit ihren Geldsäcken standen sie jederzeit an der Seite der schwärzesten Reaktion. Daran hat sich bis zum heutigen Tage nichts geändert.

Junior Bethmann, 1953 von seinem Vater in das millionenschwere Nest gesetzt, ist – wie könnte es anders sein – ein Mann des äußersten rechten

Flügels der CDU. Im tonangebenden CDU-Wirtschaftsrat, dem eigentlichen Machtzentrum der Monopolherrenpartei, sitzt er gemeinsam mit führenden Vertretern der Großkonzerne und Banken noch fest im Sattel.

Kraft seiner finanziellen Macht, die sich nicht nur aus dem Millionenschatz seiner Bank rekrutiert, sondern auch aus Quellen gespeist wird, die ertragreiche Posten in Aufsichtsräten monopolistischer Unternehmen abwerfen, bestimmt der Bank-Freiherr maßgeblich die großkapitalistische Politik der CDU-Gilde im Lande Hessen. Der »Django von Hessen«, wie der Volksmund den scharfmacherischen CDU-Landesvorsitzenden Alfred Dregger zu nennen pflegt, ist Bethmanns bestes Pferd im Hessenstalle. Dregger und seine Kumpane sind oft im »Hause Louisa« des Bankhauses zu Frankfurt, bei Sekt und Räucherschinken wird echte kapitalistische Machtpolitik gemacht.

Stets war und ist es sein Bestreben, seine Machtfülle auszudehnen. Als gelehriger Sprößling einer ausgefuchsten Bankdynastie weiß er ganz genau, was sein Bankunternehmen festigt, seinen Profit vergrößert und seine Macht und seinen Einfluß ständig steigert. Dieser Bethmann ist ein typischer Vertreter des aggressiven westdeutschen Monopolkapitals. Er hält es mit dem seligen Bischof Dibelius, der einstmals verkündete: Lieber tot als rot. Der Bethmann behauptete nämlich anläßlich einer Anlagenberatung seiner Bank lautstark: »Es wird nie dazu kommen, daß wir sozialistisch werden!« Und mit einem Blick zum Chile Pinochets fügte er triumphierend hinzu: »Da würde der USA-Geheimdienst was unternehmen!« Ja, dieses adlige Subjekt weiß schließlich, was die Monopolbourgeoisie dem CIA abfordern kann. Schließlich sitzt er ja als Aufsichtsratsvorsitzender der ominösen Deutsch-Ibero-Amerikanischen Entwicklungs-AG an jenem Hebel, von wo aus er schon die engsten Beziehungen zum USA-Geheimdienst pflegt.

Im Landesinnern holt sich Bethmann neben seinen Bankpfründen auch noch ergiebige Dividenden aus der Matheus Müller KG, aus der Organisation für Bauinteressen, aus dem Deutschen Kanal- und Schiffahrtsverein Rhein/Main/Donau und aus dem Verband der hessischen Banken. Überall hat er seine Finanzpfoten tief im Geschäft hängen, gierig und unersättlich nach noch mehr Reichtum und Macht. Dazu frischt

156

Bethmann unverfroren den primitiv-ultrakonservativen Herr-im-Hause-Standpunkt auf. Er hat das Geld, er hat die Macht, also bestimmt er auch, was Freiheit und Ordnung, Demokratie und Rechtsstaatlichkeit ist. Und natürlich ist er für das Berufsverbot für fortschrittlich gesinnte Menschen in der BRD.

Als typischer Vertreter des Monopol- und Bankkapitals ist er überhaupt für alles, was der Aufrechterhaltung der Macht seiner Klasse nützt, was die kapitalistische Gesellschaftsordnung in der BRD festigt und schützt. Der und freiwillig auf seine Millionen, seine Macht und sein Parasitenleben verzichten – da lachen ja die Hühner. Er würde schießen lassen, von Deutschen auf Deutsche – wie Pinochet von Chilenen auf Chilenen! Daraus hat er kein Hehl gemacht und auch nicht daraus, daß er sich zu diesem Zweck selbst mit dem Teufel – konkreter dem CIA – verbünden würde. Was kann noch deutlicher beweisen, welche Todfeinde des Volkes in der BRD an den Schalthebeln der Macht sitzen und von der sie rigoros Gebrauch machen würden, wenn die fortschrittlichen Kräfte in der BRD sie nicht daran hinderten.

Geld und Wasser

*»Ex und hopp – das Prinzip Wegwerf«. Das war der Titel
einer Ausstellung, die im September 1989 vom »Werkbund«
veranstaltet wurde. Ich war aufgefordert worden, zum
begleitenden Ausstellungskatalog einen Beitrag über »Geld«
zu schreiben. So entstand der kleine mehr literarische Essay
»Geld und Wasser – ein Vergleich unter dem besonderen
Aspekt des Gebrauchens und Verbrauchens«. Eine
etwas andere Art der Behandlung meines Lieblingsthemas.*

Geld und Wasser – ein Vergleich unter dem besonderen Aspekt des Gebrauchens und Verbrauchens

Geld ist wie Wasser. Es entsteht, und es verschwindet, es wird gebraucht wie Wasser, dabei allerdings meist nicht verbraucht wie Wasser. Entweder es besteht, oder es besteht nicht – wie Wasser. Wenn es nicht besteht, besteht es noch nicht, oder es besteht nicht mehr – ganz ähnlich wie Wasser.

Geld ist aber kein Wasser. Wasser ist Natur. Geld ist Kultur, Geld ist ein Produkt der menschlichen Zivilisation. Wasser entsteht »von selbst«, ohne Zutun des Menschen. Auch das Vergehen, das Verschwinden von Wasser ist ein natürlicher Vorgang.

Das Vergehen oder Verschwinden des Wassers besteht in der Aufgabe seines Aggregatzustandes. Das Verdampfen des Wassers könnte man natürlich als Verbrauchen von Wasser bezeichnen. Richtiger ist es aber wohl, von Vernichtung durch Verwandlung und nicht von Verbrauch zu sprechen.

Geld kennt keine Aufzehrung durch Nutzung, Geld kennt keinen Verbrauch. Und doch sind Entstehen und Vergehen des Geldes etwas anders als das des Wassers. Menschliches Handeln ruft Geld ins Leben. Ohne menschliches Handeln verschwindet auch kein Geld aus der Welt.

Das Verschwinden von Geld erfolgt durch einseitiges Handeln einer Person. Zum Entstehen von Geld bedarf es des paarweisen Handelns von zwei Personen. Alles Geld entsteht durch Vertrag zwischen zwei Kontrahenten. Alles Geld ist eine Verpflichtung und ein Anspruch zugleich. Alles Geld ist eine Anweisung auf Geld.

Neues Geld entsteht durch einen Kontrakt. Der eine Kontrahent ist Geldschuldner, der andere ist Geldgläubiger und damit Geldbesitzer. Geld gebrauchen kann nur der Geldbesitzer.

Es gibt nur zwei Arten des Geldgebrauchs. Beide Arten des Geldgebrauchs bedeuten keine Abnutzung. Der eine Gebrauch ist das Anlegen des Geldes als Geldvermögen. Der andere Gebrauch ist das Weitergeben des Anspruchs, das Zahlen mit diesem Anspruch. Alles Zahlen mit Geld ist ein Übertragen eines Zahlungsanspruchs auf einen Dritten. Dieser Gebrauch des Geldes ist auch kein Verbrauch. Der Geldbetrag bleibt voll erhalten.

Das Behalten des Geldbetrags, das »Anlegen«, besteht darin, daß der Zahlungsanspruch entweder – unverzinst oder verzinst – gegenüber dem ersten Schuldner verlängert wird oder unter Verzicht gegenüber dem ersten Schuldner zu neuen Bedingungen, aber in gleicher Höhe, auf einen anderen Schuldner übertragen wird. Der Geldzahlungsanspruch bleibt ungeschmälert erhalten. Der Anspruch wird nicht »verbraucht«. Im Gegenteil, er wird konserviert, er kann sich dabei dank Verzinsung sogar noch erheblich vermehren. Das jedoch kann Wasser nicht.

Die Wissenschaft nennt den längerfristig terminierten Geldzahlungsanspruch »Geldvermögen«, nicht mehr »Geld«. Das ist irreführend. Auch für langfristig angelegtes Geldvermögen ist ein kurzfristiger Gebrauch keineswegs ausgeschlossen.

Das längerfristige Anlegen des Geldes ist – von der Verzinsung abgesehen – dem Sammeln und Speichern von Wasser vergleichbar. »Wasservermögen« ist gesammeltes Wasser, das für eine spätere Nutzung aufgehoben wird, wobei eine sofortige Nutzung wie beim Geld auch jederzeit möglich ist.

Anders als bei Geld ist die Aufbewahrung von Wasser naturbedingt mit einem gewissen quantitativen Schwund und unter Umständen auch mit einer Wertminderung verbunden. Geld verliert durch das Lagern als Geldvermögen im Prinzip weder an Qualität noch an Masse. Im Gegenteil: In der Regel nimmt Geldvermögen dank Verzinsung quantitativ zu, während Wasser sich nicht von selbst vermehrt.

Was die qualitative Seite von Geld und Wasser angeht, so kann darüber nur geurteilt werden, wenn man die mögliche Nutzung (Gebrauch oder Verbrauch) der beiden Sachen als Maßstab der Bewertung nimmt. Weil die Arten der Nutzung bei Wasser und bei Geld sehr verschieden sind, ist die Beantwortung der Qualitätsfrage jeweils auch unterschiedlich. Für Wasser gibt es viel mehr denkbare Verwendungsmöglichkeiten als für Geld. Dabei gibt es Verwendungsarten, die das Wasser durch die Verwendung verbrauchen, andere, die es trotz Verwendung substantiell erhalten. Denken wir im ersten Fall an das Kochen und Löschen, im zweiten Fall an das Transportieren und an das Mühlradtreiben.

Es ist klar, daß allein schon die verschiedenen Nutzungsarten ganz unterschiedliche Qualitätsansprüche für Wasser begründen. Was zum Trinken und Kochen nicht mehr taugt, kann für andere Verwendungen genutzt und so auch voll bewertet werden. Die verschiedenen Nutzungen des Wassers bestimmen die relative Qualität des bereits genutzten Wassers.

Wichtiger ist die Qualitätsfrage unter dem Aspekt des Verbrauchs. Alle durch Nutzung entstehende Qualitätsminderung heißt, daß aus Gebrauch ein teilweiser Verbrauch werden kann. Bei Wasser ist das der Fall. Bei Wasser ergibt sich, daß bestimmte Nutzungen zwar die Quantität erhalten, die relative Qualität aber mindern. Das Wasser ist dann partiell (qualitativ) verbraucht.

Das ist bei Geld ganz anders. Bei Geld gibt es keine Qualitätsminderung durch Gebrauch. Bei Geld gibt es keine Abnutzung, keine Wertminderung. Geld wird nicht verbraucht, auch wenn es noch so oft gebraucht wird.

Auf alle Fälle haben mögliche Wertminderungen des Geldes nichts ursächlich mit seiner Verwendung zu tun, sondern entweder mit seiner »von außen« bestimmten »Kaufkraft« oder mit der »Qualität« eines der beiden Vertragspartner, mit der Qualität des jeweiligen Schuldners. Alles Geld ist – abgesehen von seinem relativen Kaufkraftwert – immer auch nur soviel wert, wie die Schuldner »gut«, also grundsätzlich zahlungsfähig sind.

Wertverluste sind keine Masseverluste. Bei Wertverlust bleibt die nominale Menge erhalten. Das gilt für Geld und Wasser gleichermaßen. Für beide gibt es aber auch Prozesse der Tilgung bis zur endgültigen Beseitigung.

Beim Wasser besteht dieser Vernichtungsprozeß aus der Verdunstung, also aus der Auflösung im gasförmigen Aggregatzustand. Nach dem

Verdunsten gibt es kein Wasser mehr. Überall da, wo die Nutzung des Wassers zu seiner Verdunstung führt, bedeutet somit diese Art des Gebrauchs zugleich auch Verbrauch im Sinne von Vernichtung.

Wie kommt Geld aus der Welt? Durch Verbrauch offenbar nicht, auch nicht durch natürliche Auflösung, nicht durch einen Prozeß des Verfalls. Es bedarf des menschlichen Handelns und Entscheidens. Der Mensch muß handeln, um jeden einzelnen Geldbetrag entstehen zu lassen, und auch, um den einzelnen Geldbetrag wieder zu beseitigen. So wie neues Geld aus einem Vertrag zwischen zwei handelnden Personen entsteht, so verschwindet der einzelne Geldbetrag nur durch ein neues Handeln, diesmal durch eine Entscheidung des Geldgläubigers allein. Anders verschwindet kein Geld aus der Welt. Es verschwindet durch einseitige Verzichtserklärung des Gläubigers – und nur so!

Geld ist doch nicht wie Wasser, aber der Vergleich kann trotzdem ganz lehrreich sein. In meinen Augen vermittelt der Vergleich u.a. zwei wichtige Erkenntnisse über das Geld:

1. So wie man alle Wasserarten wegen der gemeinsamen Grundeigenschaften zunächst ohne Unterschied als Wasser ansehen muß – ob Meerwasser, Mineralwasser oder Spülwasser, ob das stehende Wasser im See oder das fließende Wasser im Fluß –, so muß man alles Geld, ob Geldvermögen oder Bargeld, ob Anleihe, Scheck oder Tausendmarkschein, zunächst wegen der gemeinsamen Grundeigenschaften als Geld ansehen.

2. So wie stehendes Wasser – etwa im See – nur dann etwas bewirkt, wenn es in Bewegung kommt, so wenig bewirkt stehendes Geld, »vorhandenes« Geld zunächst überhaupt nichts. Denn alles Geld ist auf den Augenblick bezogen »stehendes Geld«. (Geld »fließt« nicht). Sein schieres Vorhandensein sagt nichts aus über das, was es anrichten könnte, wenn es in Bewegung kommt, wie etwa das Wasser des Sees durch einen Sturm oder einen Dammbruch.

Der Dammbruch wäre beim Geld der Run. Der Sturm wäre die Superinflation, beides nicht kausal vom vorhandenen Geld unmittelbar verursacht, sondern von den äußeren Lebensbedingungen. Die schafft beim Kulturgut Geld nicht der liebe Gott wie beim Wasser; beim Geld schafft auch die Lebensbedingungen der Mensch, so wie er das Geld selbst schafft.

Geld ist wie Wasser und doch ganz anders. Bei beiden ist aber schonender werterhaltender Umgang geboten.

Der Charme der Bösewichter

Vor einiger Zeit machte » Wall Street«, der Film über den skrupellosen Finanzhai Gordon Gekko, der an der New Yorker Börse Millionen mit Schrottanleihen scheffelte, Furore. Seinerzeit bat mich »Die Weltwoche« um eine Rezension. Immerhin ist dieser Film nicht nur äußerst gelungen, er legt auch die Schattenseiten des Kapitalismus, die unbarmherzige und gewissenlose Jagd nach Geld, schonungslos offen. Meine erste Filmkritik habe ich gerne geschrieben.

Raubtiere, die mit Millionen spielen –
Über Oliver Stones Börsenfilm »Wall Street«

»Habgier hat Amerika groß gemacht.« – »Habgier ist normal und gesund.« Wie Peitschenhiebe knallen diese Worte über die ehrbare Aktionärsversammlung. Gesprochen werden sie von Gordon Gekko, dem Wall-Street-Hai, der sich den verdutzten Mitaktionären als neuer Besitzer eines dicken Aktienpakets präsentiert, das er mit üblen Methoden trickreich zusammengekauft hat. Noch andere unangenehme »Wahrheiten« schlägt Gekko dem Publikum um die Ohren, bevor er sich mit bissigem Hohn und verletzendem Spott genüßlich dem verschreckten Management »seiner« Firma zuwendet, das auf dem Podium sitzt wie die Angeklagten in einem Mafia-Prozeß.

Die Rede des Börsenschurken, des eiskalten Spekulanten und Aufkäufers ist ein Höhepunkt und ein Glanzstück im Film »Wall Street« von Oliver Stone, der in Amerika schon hohe Wellen schlägt und der jetzt bei uns in die Kinos kommt.

Gekkos kurze Rede des neuen Großaktionärs ist deshalb ein Glanzstück, weil sie nach Inhalt und Form gleichermaßen beispielhaft ist für die Qualität dieses Films. Wie selten wirken »gespielte« Reden glaubwürdig und damit überzeugend. Gekkos Rede tut es. Es stimmt alles. Die Atmosphäre stimmt, dank guter Regie, der Inhalt stimmt, weil das Drehbuch taugt, und die Rhetorik ist überzeugend, weil Michael Douglas, der den besessenen Börsenneurotiker Gekko verkörpert, eben ein guter Schauspieler ist. Auch sonst stimmt das meiste in diesem Film. Fast alles ist bei legitimer maßvoller Überzeichnung eindrucksvoll realistisch, und das will gerade bei diesem Stoff etwas heißen. Wer das nicht glaubt, möge diesen Film mit den Fernsehserien »Dallas« oder »Denver-Clan« vergleichen. Hier in »Wall Street« gestaltete Wirklichkeit, dort Klischee und einfältiges Spiel.

»Wall Street« ist ein Spitzenprodukt des amerikanischen Films, zugleich auch ein Film, wie er nur in Amerika entstehen kann, im Lande der unbeschränkten Möglichkeiten, einer rücksichtslosen Selbstkritik. Respekt!

Wer seine eigenen Schwächen so schonungslos vorzeigen kann, der demonstriert Stärke. So ein Film demonstriert Stärke und Überlebenskraft eines großen Landes und zugleich auch die Stärke eines freiheitlichen Systems, das dieses Land groß gemacht hat. Wer die Grenzen und Gefahren des Kapitalismus so rücksichtslos aufdeckt, der tut mehr für die Erhaltung einer freien Gesellschaft als alle Kommunistenfresser und Freiheitsprediger zusammen.

Ein solcher Film macht die primitiv-neidischen Kritiker der kapitalistischen Welt und des kapitalistischen Amerika mundtot. Die Freunde Amerikas und einer freien Welt aber sollte er aufrütteln und zu erhöhter Wachsamkeit ermahnen. Jedenfalls hat dieser Film das Zeug dazu.

Das Geheimnis einer solchen Wirkung heißt Qualität. Nur so kann auch den gewissenlosen Nutznießern und Ausbeutern des freien Systems erfolgreich das Handwerk gelegt werden. »Wall Street« ist ein Lehrstück, aber ohne lächerlich erhobenen Zeigefinger, sondern mit geballter Faust, die je nachdem an den Kopf oder in die Magengrube fährt. Sehenswert für jeden, der sich Gedanken macht um die Zukunft der freien Welt.

Qualität von A bis Z – nur wenige Schwachstellen. Eine solche ist etwa die unnötige Szene mit der bestellten »Nutte«, vielleicht auch das Buggyfahren am Strand und wenige andere kurze Passagen. Nicht ganz gelungen schien uns auch das Ende. Hier stehen ein paar »Unrichtigkeiten« der Glaubwürdigkeit im Wege, etwa das Kulissenhafte des leeren Central Park, der nicht ganz stilgerechte Boxkampf der Spekulanten auf dem grünen Rasen und der fragwürdige Trick, den die Polizei am Ende anwendet, um auch den großen Gauner zu fangen. Aber das alles bedeutet wenig gegenüber der eindrucksvollen Gesamtleistung, die dieser von Oliver Stone (spätestens durch »Platoon« berühmt geworden) gestaltete Film darstellt. Mit Recht erhielt »Wall Street« schon Preise und überwiegend Lob in seiner Heimat.

Die Rollen sind überzeugend besetzt, auch die kleinsten. Nur das

»Mädchen im Bett« kann man nicht so gut beurteilen, weil es kaum zu sehen ist – ein weiterer Vorzug des Films: Er hat Geschmack.

Übrigens arbeitet der Film konsequent ohne Laienspieler, ohne Komparsen aus dem Alltag – die Umkehr einer Tendenz im Film oder Auflagen der Schauspielergewerkschaft? Egal – jedenfalls spielen alle ausnahmslos so gut, daß der wirkliche Alltag nicht realistischer sein kann. Und was für ein Alltag! Der Alltag von New York, in den Büros downtown, an der Börse, »über« Manhattan, in der engen Bude des Maklers im Backsteinbezirk, in den Penthousewohnungen der Aufsteiger und der Neureichen. So ist es, dieses New York, großartig und grausam, menschlich und unmenschlich zugleich. Vor allem auch hemmungslos und unbändig, nur schwer unter Kontrolle zu halten.

Alles ist »vor Ort« gedreht, an den Terminals der Makler, im holzgetäfelten Anwaltsbüro, im vollgestopften Elevator, in der Untergrundbahn und auf dem mit Papierschnitzeln bedeckten Börsenparkett. Und immer wieder Manhattan, ringsum in der Dämmerung mit und ohne Sonnenuntergang, wie schon millionenfach gefilmt und doch wieder neu gesehen und eingefangen für diesen Film von einer glänzend geführten Kamera. Ein Hymnus auf New York, diese unverwechselbare Stadt, in der soviel Scheußliches und Großartiges zugleich geschieht, in deren Schluchten, Höhlen und Verstecken die Jagd tobt, die irrsinnige Jagd nach dem Geld, in der sich aber zum Glück auch noch vieles andere begibt, Intimes, liebenswert Menschliches, was schließlich auch den Charme dieser großen Stadt ausmacht.

Charme haben sogar die Bösewichter, die Schurken in diesem Film, die Amerikaner allemal, am wenigsten vielleicht »Sir Larry«, der Engländer (Terence Stamp). Er, der Gegenspieler von Gekko, ist der kälteste, der brutalste Kapitalist. Aber Michael Douglas behält seinen bekannten Charme auch als hervorragend gespielter Oberbösewicht Gekko, der in Habgier und Machtrausch scheinbar alle moralischen Maßstäbe verliert und alle Gefühle gefrieren läßt, der rücksichtslos sein Imperium auf dem Rücken anderer zusammenzimmert und eiskalt berechnend den jungen Makler Bud Fox (Charlie Sheen) in seine Dienste zwingt. Und doch – sogar bei Gekko – bisweilen Gefühle der Sympathie und des Respekts für den jungen gelehrigen Schüler, der noch unter Konflikten leidet und trotzdem verbissen den Weg zu den Millionen für sich und für den anderen freischlägt.

Unter den Konflikten für Bud ist am heikelsten das Verhältnis zum Vater, dem »einfachen« Arbeiter und Gewerkschaftler, mit seinen veralteten moralischen Ansichten. Heikel auch für die Regie – und großartig gelöst dank kluger, sparsamer Texte und überzeugender Darstellung. Carl Fox (Martin Sheen) ist auch im Leben der Vater von Bud Fox, nämlich vom jungen Schauspieler Charlie Sheen. Der Sohn Sheen ist erst seit zwei, drei Jahren berühmt – der Vater, ein alter Hase, ist bekannt aus vielen Filmen der letzten zwanzig Jahre. Das Vater-Sohn-Zusammenspiel gelingt, bleibt glaubwürdig, auch wenn vielleicht ein paar Tränen zuviel fließen.

Für Daryl Hannah, die die Bud Fox »zugeteilte« und an ihn »ausgeliehene« Geliebte Darien Taylor spielt (auch nur eine »Hure« in den Augen von Vater Fox), besteht die schauspielerische Bewährungsprobe im Krach der Trennung, wo unter aller Geldgier und Berechnung bei ihr am Ende doch eine inzwischen gewachsene Zuneigung zum hübschen Bud zum Vorschein kommt. Die Verführung konnte dem gutaussehenden Mädchen nicht schwerfallen, die Trauer bei der Trennung mehr. (. . .)

Der Film zeigt – auch in den Texten – die Fratze des Kapitalismus und damit die größte Gefahr für eine freie Gesellschaft, nämlich die ungebändigten, unbeherrschten Egoismen von gewissenlosen Mitspielern im Kampf um Macht und Einfluß und um das große Geld. Der Film weist zugleich aber auch hin auf die Mittel und Wege, wie dieser Gefahr zu begegnen ist.

Es gibt ja grundsätzlich nur zwei Wege. Beide werden gezeigt. Da ist einmal die moralische Bindung, die »innere« Bindung des einzelnen, und da ist andererseits die Aufsicht, die Kontrolle von außen, durch die Normen und Regeln, die die Gesellschaft sich selbst und jedem einzelnen auferlegt. Beides gehört zusammen. Auf keines kann verzichtet werden, sonst bricht das Raubtier aus. Das sagt auch der Film. Er zeigt sowohl die Wirksamkeit der moralischen Bindung an vielen ermutigenden Beispielen (schließlich ist der Film von Regisseur Stone seinem verstorbenen Vater gewidmet, der ein »ehrbarer« Börsenmakler gewesen ist), und er zeigt das Handeln und Eingreifen der Aufsicht und Kontrolle, wenn schließlich die Übeltäter zur Strecke gebracht werden. Allerdings kann dieses Unhappy-End, dieser Auftritt der Obrigkeit, nicht recht befriedigen. Die Ordnungshüter kommen reichlich spät. Hat nicht die Aufsicht doch versagt?

Der Film läßt diese Frage offen. Die Frage bleibt aber gestellt, und zwar mit zunehmender Dringlichkeit. Vieles liegt im argen in der Finanzwelt, nicht nur an der Börse. Reichlich Stoff für weitere derartige Filme. Man kann nur hoffen, daß sie produziert werden und dann auch so gut geraten wie »Wall Street« von Oliver Stone.

Die Weltwoche, 18. Februar 1988

Offener Brief an Helmut Kohl

»Neues Geld für Deutschland, für Europa und die Welt«:
Diesen Vorschlag habe ich auch dem Bundeskanzler
Dr. Helmut Kohl in einem offenen Brief unterbreitet.

Frankfurt am Main Bethmannhof

17. April 1990

Herrn
Bundeskanzler
Dr. Helmut Kohl
Bundeshaus
5300 Bonn

„Offener Brief"

Sehr verehrter Herr Bundeskanzler,

Seien Sie unbesorgt. Ein Mark zu DM - Umtausch 1:1 ist absolut kein Stabilitätsrisiko, weil die Preisstabilität niemals von Mengen, schon gar nicht von Geldmengen abhängt. Hier irrt die Bundesbank. Glauben Sie mir: Preisstabilität hat etwas mit den Zinsen zu tun. Um niedrige, und zwar dauerhaft unveränderte niedrige Zinsen garantieren Preisstabilität. Eine solche Zinspolitik muss einmal kommen.

Jetzt aber in Deutschland unbedingt Umtausch 1:1. Bedenkenlos! - Umtausch 1:1 ist „richtig" und „gerecht" politisch geboten und ökonomisch – monetär unbedenklich.

Noch besser wäre freilich ein Umtausch von beiden Mark - Währungen zugleich in eine ganz neue, garantiert stabile „Europa-" oder „Weltwährung" („Welt-Dollar") im Verhältnis 3:1 für beide, wenn nicht jetzt dann erst später.

Mehr dazu von mir im Beisein der Bundesbank, wenn von Ihnen gewünscht. –

Mit respektvollen Grüßen
Ihr
J.P. Bethmann

Offener Brief an die Deutsche Bundesbank

Fügung oder Zufall? Eine Frage des Standpunkts. Für mich ist es jedenfalls nicht selbstverständlich, daß ich das Manuskript zu diesem Buch »in letzter Minute« mit einem Text abrunden kann, der nach Inhalt und Form mehr als exemplarisch ist für mein Anliegen, nämlich die Deutsche Bundesbank davon zu überzeugen, daß sie zu einer »anderen« Geldpolitik übergehen muß.

Der Präsident der Deutschen Bundesbank, Karl Otto Pöhl, hat mich einmal in aller Öffentlichkeit den »Hackethal des deutschen Geldwesens« genannt. Das war auch »exemplarisch« für das kritische Spannungsverhältnis, das sich im Laufe der Jahre zwischen der nahezu »unfehlbaren« Bundesbank und ihrem hartnäckigen Kritiker entwickelt hat.

Mein an das Direktorium der Deutschen Bundesbank gerichteter »vertraulicher« Brief vom 24. Oktober 1990 (wenige Tage vor der Lombardsatzerhöhung vom 2. November) konnte jetzt nur veröffentlicht werden, weil Bundesbankpräsident Pöhl sich auf eine Anfrage von mir ausdrücklich mit der Aufhebung der Vertraulichkeit einverstanden erklärt hat. Bemerkenswert! – Oder nicht?

Vertraulich! Dringend!

An das
Direktorium der
Deutschen Bundesbank
Wilhelm-Epstein-Str. 14

6000 Frankfurt/Main 50

24. Okt. 1990

Sehr verehrter Herr Pöhl, sehr verehrte Herren,

wenn Sie wirklich verhindern wollen, daß die stark zunehmende öffentliche Verschuldung
- die Geldwertstabilität erneut auf's höchste gefährdet,
- den Kapitalmarkt tatsächlich überfordert,
- die Sparbereitschaft zusätzlich schwächt,
- die Geldvermögensbildung erheblich schrumpfen läßt,
- die ohnehin ungezügelte allgemeine Verschuldungsbereitschaft noch mehr anheizt,
dann müssen Sie alles tun, um (endlich!) einen – auf längere
Zeit (mindestens 2 Jahre) – angelegten Zins*senkungs*prozeß in
Gang zu setzen und Sie müssen alles vermeiden, was die Erwartung von weiter hohen oder gar steigenden Zinsen auslöst.
Begründung:
»Hohe« Zinsen stabilisieren, aber steigende Zinsen sind das
Gegenteil von »hohen« Zinsen. Steigende Zinsen sind *der* Infla-
tionsmotor. Nur fallende Zinsen sind wirklich »hohe« Zinsen.
Fallende Zinsen sind *der* Inflationshemmer. Fallende Zinsen
sind *das* wirkungsvollste und verläßlichste Stabilisierungsmittel.
Die gesamtdeutsche Wirtschaft braucht jetzt mehr denn je fal-
lende Zinsen. Mein Vorschlag: Beschließen Sie im Zentralbank-
rat ein 2jähriges Zinssenkungsprogramm durch programmierte
und angekündigte Leitzinssenkung in kleinen Schritten.
In großer Sorge und in leicht angespannter Ungeduld
Ihr sehr ergebener

v. Bethmann

Tips für den aufgeklärten Yuppie

*Für einige Zeit schrieb ich im »Prinz«, dem Frankfurter
Stadtmagazin, eine Kolumne für den neugierigen,
»geldbewußten« Leser. Denn wer ist das schon nicht? In
jeder Ausgabe versuchte ich, Thesen und Tips über
das Geld an sich zu vermitteln. Hier einige Kostproben.
Vorhang auf für »Bethmanns Moneten-Show«.*

Bethmanns Moneten-Show

Soll ich, soll ich nicht? Ein Ex-Bankier und Vielschreiber, Crash-Prophet und »Hackethal des Geldwesens« schreibt für PRINZ-Leser? Schreibt über Geld und ... Ob das gutgeht?

Versuchen wir es. – Ich weiß, das Thema interessiert jeden. Ich weiß auch, so redet sonst keiner über Geld wie ich, schon gar nicht im Ernst. Aber ernst meine ich es, z.B. wenn ich sage, daß Herr Pöhl (der Präsident der Bundesbank) nicht wirklich weiß, was Geld ist, und daß der Dollar nicht mehr wert ist als eine Mark. Ganz ernst ist das gemeint. Es kann ja Ihnen und mir eigentlich egal sein. Solange der Rubel – komisch, daß man immer nur von ihm spricht, wenn das Geld »rollen« soll –, solange der Rubel also rollt und immer wieder etwas aufs Konto oder in die Tasche kommt und solange man dafür auch etwas anschaffen kann. So lange ist ja alles Grübeln über »das Geld« im Grunde Blödsinn. Das habe ich früher auch gedacht. Dann habe ich doch gegrübelt. Aber Vorsicht! Nicht zuviel grübeln. Vor allem nicht über das Geld in der Welt. Das überlassen Sie mir. Grübeln Sie – wenn überhaupt – nur über die eigenen Finanzen, wie sie zustande kommen und was man damit macht. Darüber und über meine eigenen, ganz privaten Erlebnisse und Erfahrungen beim Kassieren und Ausgeben will ich vor allem schreiben. Vielleicht interessiert es Sie? Vielleicht so sehr, daß von mir eingeschmuggelte Thesen und Tips über »das Geld an sich« auch geschluckt werden. Mal sehn. Sie, liebe Leser, entscheiden über Leben oder Tod dieser Kolumne (und damit über ein Zubrot, das ich mir gern verdienen möchte). Nennen wir das Ding erst mal »Bethmanns Moneten-Show«. Dann sehen wir weiter. Bis zum Start im nächsten Heft.

Oktober 1989

Geld ist Zahlmittel, kein Kaufmittel

Wozu braucht man überhaupt Geld? Dumme Frage! Zum Kaufen! Was denn sonst? –

So würde jeder antworten – Sie doch auch? – Selbst die Wirtschaftsweisen, selbst die Bundesbank, alle antworten so. Alle sehen es so.

Nur leider – kaum zu glauben – alle sehen es falsch. So ist es nicht. Zum Kaufen wird kein Geld gebraucht. Gekauft wird ohne Geld. Gekauft wird auf Pump. Nicht zum Kaufen braucht man Geld. Geld braucht man erst »später« – zum Bezahlen. Bezahlen ist aber nicht Kaufen. Kaufen und Bezahlen sind zwei ganz verschiedene, zwei völlig getrennte Vorgänge, die wir nur gedanklich zusammenziehen, weil sie im Alltag auch scheinbar zeitlich zusammenfallen. Auch das ist aber nicht richtig. Zuerst kommt immer der Kauf, und dann – nach zwei Minuten oder nach zwei Jahren – kommt die Bezahlung. Beim Kauf wird kein Geld bewegt, zunächst wird nur Geld geschuldet. Diese im Kauf entstehende Geldschuld ist nichts anderes als ein Kredit des Verkäufers an den Käufer. Der Käufer pumpt den Verkäufer an. Dieser Kredit erlischt erst mit der Bezahlung. Dazu erst braucht der Käufer Geld, vorher nicht. Zum Bezahlen ja, zum Kaufen nicht. Auf einen einfachen Nenner gebracht: Geld ist nicht »Kaufmittel«, Geld ist »Zahlungsmittel«. Wer weiß das schon? Sie wissen es jedenfalls jetzt.

»Meinetwegen«, werden Sie sagen und sich gelangweilt abwenden. Recht haben Sie. Hauptsache, Sie wissen immer, ob Sie Gekauftes überhaupt bezahlen können, ob Sie den Kredit des Verkäufers tilgen können oder nicht. Trotzdem – auch für Sie ist's vielleicht ganz interessant, die Sache einmal so zu sehen.

Viel mehr als nur »interessant« ist dieses spitzfindige Auseinanderhalten von »Kaufen ohne Geld« und »Bezahlen mit Geld« für die Wissenschaft und vor allem für die Geldpolitik. Solange die Geldpolitiker glauben, daß »mehr Geld« gleich »mehr Kaufen« bedeutet, weil aus Geld gleich Kaufen wird – und das glauben sie –, ist die ganze Geldpolitik auf dem Holzweg. (Sie ist es seit 20 Jahren.)

Oder irre ich mich doch? – Hauen wir alle wirklich jede verdiente Mark gleich auf den Kopf? Geben wir alles Geld sofort wieder aus? Das tut doch nur, wer muß. Zum Glück müssen heute viele nicht. Wer aber nicht muß, der spart, der kauft nicht gleich »für sein ganzes Geld«. Und das Gesparte verpumpt er, wenn er's nicht im Strumpf läßt. Doch darüber mehr das nächste Mal.

November 1989

Jeder Sparer ist Kapitalist

»Ich bin Kapitalist. Ich stehe dazu. Ich bin Kapitalist, weil ich den Kapitalismus politisch bejahe – nicht den Kapitalismus für mich, sondern den Kapitalismus für alle.«
So beginnt mein vor sieben Jahren erschienenes Buch »Der verratene Kapitalismus«.
Kennen Sie die WDR-3-Sendung »Hallo Ü-Wagen« von und mit Carmen Thomas? Gute Sendung. Sollten Sie kennenlernen. An einem Donnerstag im September hat mich Carmen Thomas eingeladen. Das Thema hieß: »Was ist Kapitalismus?« Wir standen vor der Düsseldorfer Börse. Dort wurde interviewt. Carmen Thomas zitierte mich und stellte mich vor als »leibhaften Kapitalisten«. Buh-Rufe aus der Versammlung. Dann ich: »Warum so abweisend? Ich bin doch nicht der einzige Kapitalist hier!« – Noch mehr Buh-Rufe. Darauf ich: »Wer von Ihnen hat kein Sparbuch?« Zögernd meldeten sich fünf von 70 Anwesenden. »Na, also«, sagte ich. »Alles Kollegen Kapitalisten.« Allgemeines Gelächter.
Natürlich sind Sparer Kapitalisten. Kapitalist ist jeder, der mit Erspartem privat an der Finanzierung der ganzen Wirtschaft beteiligt ist. Jeder Sparer ist beteiligt, egal, ob in bar, auf Konto oder mit einem »Papier«. Jeder Sparer ist Geldverleiher, jeder Sparer ist Gläubiger, er hat eine Forderung, eine kapitalistische Forderung, ob er will oder nicht, ob er es so sieht oder nicht.
Das ist Kapitalismus, Privatkapitalismus. Privat Anteil haben können am Volksvermögen, und zwar »können« im doppelten Sinne, einmal überhaupt vom Einkommen etwas abzweigen zu können und dann als Sparer mitreden, mitbestimmen zu können. Das geht nämlich. Millionen von Sparern, die mit Milliarden dabei sind, die können ganz schön

mitreden. Sie können wählen. Sie können Druck ausüben, sie können streiken, protestieren und demonstrieren. Sie könnten noch viel mehr. Sie tun es kaum, das ist wahr. Sie lassen sich noch zuviel gefallen. Sie wissen zuwenig von ihrer Macht. Sie sind zu schüchtern. Das Kapitalistsein ist neu und ungewohnt. Man muß es erst lernen.

Sind Sie Sparer? Ja, oder noch nicht? Wenn Sie es sind oder wenn Sie es werden, seien Sie ein aktiver, ein selbstbewußter Sparer! Forderungen stellen! Vermögensschutz, Geldwertstabilität! Mitreden, mitbestimmen – nicht nur als Verbraucher, sondern auch als Sparer, als Kapitalist, der sein erspartes gutes Geld zur Verfügung stellt im Vertrauen auf eine gute, auf eine bessere Wirtschaftspolitik. Denken Sie mal darüber nach. Kapitalismus heißt, daß alle mitmachen können, darum aber auch mitmachen sollen.

Dezember 1989

Sparen können ist toll

Können Sie sparen? Ich hoffe, Sie können. Sparen können ist eine tolle Sache und überhaupt nichts Selbstverständliches, obwohl das viele heute glauben.

Sparen können heißt über mehr Geld verfügen, als man wirklich dringend zum Leben braucht. Das können heute tatsächlich viele, auch Jüngere, und das ist das Tolle. Früher konnten das nur die wenigsten, die allerwenigsten. Die große Mehrzahl, das Volk, konnte es in aller Regel nicht. Der damals trotzdem zurückgelegte Spargroschen war kein Sparen wie heute. Das war der »Notgroschen«, ein Opfer aus echtem »Konsumverzicht«. Vermögensbildung war das nicht.

Heute ist das anders. Wer heute spart, weil er sparen will und sparen kann, übt meist nicht schmerzlichen »Verzicht« auf Notwendiges. Er kommt einfach ohne es aus, oder er wartet ab mit der Neuanschaffung der Kamera, des Walkmans, des neuen Fahrrads. Er wartet ab, er kann abwarten, denn was er kaufen könnte, ist nicht lebenswichtig, nicht existenznotwendig. Das ist der kleine Unterschied. Das gab es früher nicht, genauer, das gab's noch nie! Aber – wer weiß das schon? Es kann jedenfalls nicht schaden, manchmal darüber nachzudenken.

Sparen können ist das eine. Schön, daß es heute für die meisten gilt, das Sparen-Können. Das andere ist das Sparen-Wollen. Wie steht's damit? Gar nicht übel. Wer bei uns sparen kann, der tut es auch ganz gerne mit dem Ergebnis, daß wir alle zusammen nicht zuviel und nicht zuwenig sparen. Das ist auch erstaunlich und gar nicht selbstverständlich. Sparen muß nämlich auch Sinn machen. Sparen muß sich auch lohnen. Das tut es nur, wenn das heute Ersparte auch morgen seinen Wert behält, wenn man auch morgen mit dem Ersparten das kaufen kann, auf das man heute verzichtet hat, wenn man morgen überhaupt etwas Gescheites kaufen kann, und das möglichst nicht teurer als heute. Auch das ist nicht selbstverständlich.

Wenn man nichts Gescheites kaufen kann und wenn alles nur teurer wird, dann wird man durch Sparen nur ärmer, nicht reicher. So ging es den Menschen im »real existierenden Sozialismus«. Wer das nicht wußte oder gar nicht glauben wollte, der erlebt und erfährt das jeden Tag, seitdem uns nicht mehr Mauer und Stacheldraht, sondern eigentlich »nur noch« das Geld trennt. Das Geld steht dabei für vieles andere. Das Geld steht für eine bessere und für eine schlechtere Politik. Unsere hier war schon die bessere, absolut gut und vollkommen war sie allerdings auch nicht. Immerhin war sie besser, viel besser. Um wieviel besser? Egal. Hauptsache, daß sich bei uns das Sparen lohnt, viel mehr als »drüben«. Aber »drüben« kommt das auch, und das ist dann erst die ganz tolle Sache.

Januar 1990

Gleiches Geld für alle!

Wieviel sind 100,– DM wert? Dumme Frage? – Vielleicht? – Vielleicht auch nicht!

Die Antwort muß lauten: 100,– DM sind 100,– DM wert. Das ist die richtige Antwort. Die Antwort ist auch gar nicht so blöd, wie sie klingt. Sie ist vielleicht überraschend, aber auch interessant und aufschlußreich, vor allem ist sie gar nicht so selbstverständlich, wie man zunächst meinen könnte.

100,– DM sind 100,– DM wert, egal, wer sie gerade besitzt. Das ist bei den meisten anderen Sachen gar nicht so. Der Wert der meisten Sachen hängt in hohem Maße davon ab, was der jeweilige Besitzer mit der Sache anfangen kann. Denken wir etwa an eine Brille, eine Zange oder gar ein medizinisches Lehrbuch – für den einen ganz unnütz und wertlos, für den anderen unentbehrlich. Nicht so beim Geld. 100,– DM sind für jeden 100,– DM, nicht mehr und nicht weniger, genau 100,– DM für jeden gleichermaßen, egal, ob er ansonsten reich oder arm, dumm oder gescheit, fleißig oder faul ist. Eine tolle Sache, eines der Geheimnisse des Geldes. Geld ist neutrales Zahlungsmittel, und es ist objektiver Wertmesser, objektiv im Sinne von allgemeingültig und nicht an Personen gebunden. Das schließt nicht aus, daß jeder Geldbetrag für den jeweiligen Besitzer selbst unterschiedliches Gewicht haben kann, für den Reichen sind 100,– DM wenig, für den Bettler viel. Das ist klar. Klar ist aber auch – und das ist sehr wichtig –, daß beide nur gleich viel mit dem gleichen Betrag anfangen können. Das ist ein bedeutendes Stück Gerechtigkeit, ist ein hoher Wert im Zusammenleben der Menschen.

Ich stelle diese Eigenschaft des Geldes so heraus, weil es immer wieder Leute gibt, die das Geld abschaffen oder wenigstens »reformieren«

wollen. Der große Joseph Beuys – Sie erinnern sich? – war auch so einer. Einen ganzen Abend habe ich einmal mit ihm über das Geld gestritten. Er wollte es abschaffen, vor allem als Entlohnung abschaffen und durch eine Art Naturaltausch »nach den Bedürfnissen« der einzelnen ersetzen. Er wollte als Lohn für geleistete Arbeit Zuteilung von Gütern, also Bedarfsdeckung direkt. Wäre das ein Fortschritt? Natürlich nicht. Es wäre ein blamabler Rückschritt, eine Preisgabe von tausend Jahren kultureller Entwicklung. Der Naturaltausch ist primitiv, das Geld als neutrales fungibles Tauschmittel aber war und ist Fortschritt. Es ist alarmierend, daß heute in der Welt schon wieder soviel natural getauscht wird – Öl gegen Rohre, Zucker gegen Maschinen. Ein schlechtes Zeichen. Ein Zeichen der Rückständigkeit – meist die Verlegenheitslösung im Handel zwischen Ost und West, zwischen gestern und heute, zwischen Vergangenheit und Zukunft. Die Zukunft heißt gleiches Geld für alle in der ganzen Welt. Geld ist Fortschritt, Fortschritt mit immer besserem Geld für alle.

Februar 1990

Zinsen – Salz in der Suppe

Interesse an Zinsen? Haben Sie damit zu tun? Bekommen Sie welche?
Zahlen Sie Zinsen? Schulden Sie Zinsen? Haben Sie schon einmal
darüber nachgedacht?

Zinsen haben mit Geld zu tun, mehr noch, Zinsen sind selber Geld, eine
Geldart, gewissermaßen junges Geld. Zinsen erwachsen aus Geld,
Zinsen entwickeln sich aus vorhandenem Geld, Zinsen keimen, wach-
sen und reifen wie Äpfel und Nüsse am Baum, hier am Baum des
Kapitals, bis sie reif sind – manchmal auch faul – und vom Ast abfallen,
dem Baumbesitzer in den Schoß. So ungefähr.

Jedenfalls sind Zinsen was Schönes für den Baumbesitzer, für den
Geldverleiher, für den Kapitalisten. Weniger schön sind sie für den
Partner des Kapitalisten, für den Kreditnehmer, für den Geldschuldner,
der die Zinsen schuldig wird und sie bezahlen muß.

Manche lieben Zinsen von vornherein »aus Überzeugung« nicht, egal,
ob sie Zinsen zahlen müssen oder nicht. Was ist davon zu halten? Sind
Zinsen überhaupt Teufelszeug, der Gipfel der Ungerechtigkeit? Also
abschaffen? Was meinen Sie? Ich meine nein. Abschaffen ist Blödsinn,
genauso wie das Geld überhaupt abschaffen wollen.

Zinsen gehören dazu. Zinsen sind unverzichtbar. Zinsen sind die
Würze, sie machen Geld und Kapital überhaupt erst genießbar. Zinsen
sind das Salz in der Suppe. Vor allem: Zinsen sind »gerechter Lohn«,
sind Preis für eine Leistung. Welche Leistung? – Ganz einfach: die
Vermietung von Geld. Zinsen sind die Miete, der Preis für die Vermie-
tung von Geld. Das Vermieten von Geld ist eine nützliche und honorige
Sache. Darum sind auch Zinsen eine honorige und nützliche Sache – im
Prinzip und innerhalb von Grenzen.

Die Honorigkeit (und die Nützlichkeit zugleich) hört da auf, wo die vereinbarten Zinsen höher sind als die mögliche und denkbare Rendite, die der für sich herausholen kann, der das gepumpte Geld investiert und für sich arbeiten läßt. Dann sind die (Kredit-)Zinsen zu hoch. Das ist im Einzelfall schon unschön und ärgerlich. Es ist aber ganz unerträglich, verheerend in der Wirkung, ruinös für die ganze Wirtschaft, wenn es die Regel wird. Wenn überall die Zinsen höher sind als die Rendite von »arbeitendem« Kapital, dann schießt die ganze Wirtschaft ins Kraut (Inflation), und dann wird das ganze Geld (einschließlich der Zinsen) faul und ungenießbar. Dann werden alle Armen ärmer und die schon viel zu Reichen immer noch reicher. Dann kommt die Klassengesellschaft wieder, und der schönste Kapitalismus ist am Ende. So wichtig sind die Zinsen! Sie sind unverzichtbar, aber sie müssen richtig dosiert sein, wie das Salz in der Suppe. Zuviel verdirbt alles. Wir haben seit Jahren zuviel Salz in der Suppe – viel zu hohe Zinsen überall in der Welt. Die Suppe ist schon gründlich versalzen, ungenießbar, zum Kotzen – leider! –

März 1990

Neues Geld braucht das Land

Die Geldfrage muß doch enorm wichtig und verdammt schwierig sein. Wer es noch nicht wußte, der merkt's jetzt bestimmt. Seitdem jeden Tag von Währungsunion, von der DM-Umstellung und Wechselkursen und Ostmark-Tausch geredet wird. Seit Jahren ein Thema für ganz Europa. Seit Wochen ein Thema speziell für die Deutschen.

Altes Geld? Neues Geld? Gutes Geld? Stabiles Geld? Gleiches Geld oder viele Währungen, feste Kurse oder flexible Kurse, offizieller oder schwarzer Tausch? Ostmark – DM. Umtauschkurs? 1:1? 8:1? 1:2 oder? Schritt für Schritt oder in einem? Stufenweise oder gleich ganz. Was wurde gespart? Was geschieht mit dem Ersparten? Was heißt »Geldüberhang«? Ist das etwas Gefährliches?

DM in der DDR? Aber wie? Ab wann? Was machen die Leute »danach«? Weiter sparen oder alles ausgeben? Halt! – Das war sie, die wahrscheinlich wichtigste Frage! Was machen die Leute mit ihrem Geld. Das ist überhaupt in der freien Wirtschaft die Frage Nr. 1. Es ist jedenfalls schwer, sich in den Geldfragen ein Bild zu machen oder sich gar ein Urteil zu bilden ... Nun, die Fachleute werden die richtige Lösung schon finden. Werden sie? Hoffentlich! Ich habe so meine Zweifel.

Jedenfalls wissen wir jetzt, daß die Geldfrage furchtbar wichtig ist. Wir wissen aber noch mehr. Wir wissen, daß wir nichts wissen, wir und die Fachleute offenbar auch. Das aber ist schlimm. Man redet aneinander vorbei, und man redet einfach drauflos. Es herrscht ein großes Durcheinander! Das ist wenig ermutigend.

Die Geldfrage ist wirklich wichtig, und diese wichtige Frage ist überhaupt nicht gelöst. Ja, sie ist auch »bei uns« im Westen nicht gelöst worden. Selbst die Banken wissen nicht, was Geld ist und wie es entsteht und was es wert ist. Wie wollen wir da den Sozialismusgeschädigten in der DDR gute Ratschläge geben?

Ich bin für eine radikale Lösung. Ich bin für ganz neues Geld im vereinigten Deutschland und in ganz Europa. Und ich bin vor allem für eine ganz neue Geldpolitik. Weg mit dem Fetisch »Geldmenge«! Neues Geld mit stabilen niedrigen Zinsen. Das wäre die Lösung. Eines Tages wird sie kommen. Besser wär's, sie käme jetzt.

April 1990

Das Geld der Zukunft

Geld ist anonym. Geld trägt keinen Namen. Dem 10-Mark-Schein sieht man nicht an, wer ihn besitzt oder besessen hat. Fingerabdrücke? Kaum. Die Anonymität des Bargeldes ist seine ganz besondere Eigenart, sein großer Vorzug. Der Schein, die Münze, sie sagen nichts aus über die Personen, durch deren Hände sie gehen. Bargeld ist ein »Inhaberpapier«. Allerdings gilt das auch nur für das Bargeld, für das Geld also, das die meisten für das einzig »wirkliche« Geld halten. Bargeld ist aber keinesfalls das einzig »wirkliche« Geld. Denn auch das Sparguthaben, die Bundesanleihe und viele andere Geldforderungen – auch die noch unbezahlte Rechnung – sind Geld. Aber davon spreche ich nicht. Ich spreche ganz bewußt nur vom Bargeld und seiner Anonymität.

Gerade deswegen, wegen dieser Anonymität, ist Bargeld etwas ganz Tolles und unerhört Nützliches. Ich habe oft gedacht, wenn das Bargeld noch nicht erfunden wäre, ich hätte es gern erfunden. Ich bin nämlich viel zu bequem, um mich mit einem Scheck abzumühen oder mit einer Kreditkarte, wo ich ja auch noch unterschreiben muß. Trotzdem hat das Bargeld auch seine Nachteile. Nachteile wegen seiner Anonymität. So wird durch die Anonymität das Stehlen leichtgemacht. Der Geldbesitzer muß aufpassen. Gestohlenes Geld kann man nicht wiederfinden. Das heißt zugleich aber auch, daß der Besitz von Bargeld nichts über seinen Erwerb aussagt. Korrekt erworben oder gestohlen, erpreßt, ergaunert? Wer weiß? Nichts sieht man dem unschuldigen Bargeld an. Nur die Nummern der Scheine können eine Spur zu den Dieben sein. Aber auch nur dann, wenn diese Nummern festgehalten sind und wenn der Dieb nicht schon längst wieder getauscht hat – anonym. Der große Gauner, der Drogenhändler, der ist sicher über die Nummern schon gar nicht zu finden. Der macht sich dafür eher durch die große Menge von anonymem Bargeld verdächtig. Darum tauscht er möglichst rasch in nicht anonymes Guthaben. Ein Guthaben mit einem scheinbar ehrlichen, unverdächtigen Namen. Er »wäscht« das Geld, um sich selbst noch besser zu verstecken.

Bargeld war einmal ein Fortschritt, ohne Frage. Heute aber ist das Unbare der Fortschritt. Das Bargeld wird abnehmen und wahrscheinlich ganz verschwinden zugunsten des elektronisch gespeicherten und zugleich elektronisch kontrollierten und bewegten Geldes der Zukunft. Eines aber bleibt unabänderlich bestehen, nämlich das Wesen des Geldes selbst. Alles Geld – in welcher Form auch immer – ist und bleibt immer ein persönlicher Zahlungsanspruch gegenüber einem persönlichen Schuldner, sei dieser Schuldner ein Käufer (der einen Rechnungsbetrag schuldet), ein Kreditnehmer oder der Staat. Die große Masse allen Geldes ist gar nicht anonym.

Mai 1990

Geld ist anders

Wenn von Geld die Rede ist, denkt jeder an das 5-Mark-Stück oder an den 50-Mark-Schein. Ja, natürlich, das ist Geld. Was denn sonst? Mit diesem Geld bezahlen wir ja auch im Laden, in der Kneipe, am Automaten und am Postschalter. Bargeld lacht, sagt man, Bargeld ist ein Schlüssel für viele Schlösser. Bargeld ist amtlich. Bargeld hat eine Staatsgarantie. Es kommt ja auch vom Staat – irgendwie. Bargeld wird gedruckt oder geprägt im Staatsauftrag, und zwar konkurrenzlos. Der Staat bestimmt also, wieviel Bargeld und was für eins »fabriziert« wird. Der Staat bestimmt wohl auch, wieviel er selbst erst einmal in seine eigenen Kassen legt. Selbstbedienung mit Geld, unbegrenzt und so bequem?

Wenn das so ist, warum will dann der Staat eigentlich immer wieder von uns Geld haben? Warum müssen wir Steuern zahlen? Wenn der Staat sich doch so einfach selbst versorgen kann mit Geld, das er für hoffentlich sinnvolle Staatsaufgaben ausgibt, etwa Straßenbau, Polizei und Renten. All das kann er doch ohne weiteres bezahlen mit »seinem« Geld. Manche nennen dieses Geld ja auch »Staatsknete«. Jüngstes Beispiel, wie das so geht, ist die Einführung der D-Mark in der DDR. Ein paar zig Millionen Ostmark werden am Tag X in unsere schöne D-Mark umgetauscht. Wo kommt die D-Mark her? Na klar, von hier kommt sie, von Frankfurt. Die Bundesbank läßt schon tüchtig drucken und prägen. Dann werden die frisch gedruckten und frisch geprägten D-Mark bei Nacht und Nebel per Bahn und LKW rübergeschafft in die DDR. »Geldversorgung« durch die staatliche Notenbank nennt man das.

Uns Bundesbürger versorgt sie immer schon, jetzt eben zusätzlich noch die 16 Millionen Landsleute, die bald mit uns in einem gemeinsamen

Staat mit einem gemeinsamen Geld leben sollen. So ist das also mit dem Geld! Ist es wirklich so?

Es ist *nicht* so! Es ist anders, sehr anders sogar!

1. Das Bargeld ist nicht alles Geld. Das Bargeld ist nur ein winziger Teil von dem vielen Geld, das insgesamt vorhanden ist. Das allermeiste Geld besteht aus Bankguthaben, Anleihen, Wechseln, Schecks, Kreditkarten und unbezahlten Rechnungen. Von diesem »anderen« Geld gibt es 40- bis 50mal soviel wie das bißchen Bargeld.

2. Diese Billionen von »anderem« Geld werden nicht vom Staat und von seiner Bank gedruckt und geprägt. Nix is' mit Selbstbedienung.

3. Schon gar nichts ist es mit dem Geldmonopol der Notenbank. Sie kann sogar das bißchen Bargeld nicht alleine produzieren. Auch dafür braucht sie einen Partner, den Staat oder uns, die wir das Bargeld in der Tasche haben. Als Gläubiger der Notenbank übrigens.

4. Das viele »andere« Geld »machen« auch wir, wir Normalverbraucher, selbst. Wir fabrizieren dieses Geld, indem wir uns gegenseitig anpumpen. So einfach ist das.

Sagen Sie jetzt nicht, Sie pumpen niemals jemanden an. Sie tun es zum Beispiel jedesmal, wenn Sie etwas auf Rechnung kaufen und erst später bezahlen. Übrigens, womit bezahlen Sie? Immer mit Bargeld? Von wegen. Wetten, daß Sie oft und immer mehr mit dem »anderen« Geld bezahlen?

Juni 1990

191

Die DM in Leipzig

Was würden Sie tun, wenn Sie den 2. Juli als Leipziger erlebten? Stellen Sie sich vor, Sie hätten »über Nacht« auf einmal statt 5000 Ost-Mark harte D-Mark auf Ihrem Konto in Leipzig und dazu einen einigermaßen sicheren Arbeitsplatz mit einem monatlichen Verdienst von etwa 1200 Mark netto statt bisher den gleichen Betrag in alter DDR-Mark? Stellen Sie sich vor, Sie wären Leipziger, wohnten und arbeiteten dort und erlebten so den 2. Juli 1990, den ersten Werktag nach der Währungsumstellung? In Leipzig wohnen, bisher gewohnt haben, das heißt natürlich auch, unter den Bedingungen der DDR-Wirtschaft gelebt zu haben, mit allen Vor- und Nachteilen dieses Systems. Ich meine jetzt vor allem die finanziellen Bedingungen. Immerhin hätten Sie gesicherte Arbeit gehabt mit einem bescheidenen Einkommen, für den einfachen Lebensunterhalt niedrige Preise, niedrige Mieten. Dafür gab es vieles für uns Selbstverständliches gar nicht oder zu unerschwinglichen Preisen. So konnten Sie ja immerhin laut Beispiel 5000 Mark sparen, vielleicht für einen Trabi in zehn Jahren. Jetzt also auf einmal 3000 bis 4000 harte D-Mark verfügbar und jeden Monat danach immer weiter. 1200 D-Mark dazu. Was tun? Millionen in der DDR stehen am 2. Juli vor dieser Frage, auf die es ja extrem voneinander abweichende Antworten gibt: entweder »alles auf den Kopf hauen« oder »jede neue D-Mark x-mal um- und umdrehen«, bevor man nur das Allernötigste kauft und bezahlt. Den Rest aber festhalten, anlegen, sparen. Was würden Sie tun? Was werden die Leipziger tun am 2. Juli und alle anderen in der DDR, die plötzlich D-Mark-Besitzer und -Bezieher werden? Großes Rätselraten allgemein, vor allem auch unter denen, die für die Umstellung politische Verantwortung tragen: die Bundesregierung und die Bundesbank. Wir sind nur ehrlich, wenn wir vorher sagen, daß wir nicht wissen, was passiert. Aber eines können wir wissen. Das werden Sie mir bestätigen, wenn Sie selbst über meine Frage nachgedacht haben. Worauf es nämlich letzten Endes ankommt, das ist die Einschätzung der D-Mark selbst und ihrer Zukunft. Entscheidend ist die Frage: »Bleibt die D-Mark stabil?« Oder andersherum: »Bleiben die Preise, die ab 2. Juli und danach gelten, wie sie sind, oder gehen sie rauf oder runter?« – »Wird alles immer teurer?« Oder: »Wird eher vieles billiger?« Das sind die Fragen. Der echte oder der gespielte Leipziger stellt sich diese Fragen. Er überlegt. Danach entscheidet er über »eher Sparen« oder »alles auf den Kopf hauen«. Ich bin ganz zuversichtlich, daß er nicht extrem, daß er also vernünftig und richtig entscheiden wird. Aber wir werden ja sehen. Sie werden es wohl wissen, wenn Sie das hier gelesen haben.

Juli 1990

Der plötzliche Reichtum

Was macht man, wenn einem plötzlich 100000 Mark in den Schoß fallen? Schon einmal darüber nachgedacht, oder ist es Ihnen gar schon wirklich passiert? Passieren kann es jeden Tag. Lotto oder Toto und – das gibt es immer häufiger – die Erbschaft. Es sind schon Hunderttausende, die »über Nacht« zu Erben von stattlichen Vermögen geworden sind, Vermögen, die sich in über vierzig Jahren Frieden und Wohlstand gebildet haben, die auf einmal »anfallen« und verdutzte Erben ganz unvorbereitet zu mehr oder weniger reichen Leuten machen, bevor diese überhaupt angefangen haben, selbst Geld zu verdienen.

Es liegt in der Natur der Sache, daß die Fälle von Vermögensübertragung auf dem Erbwege, wie das wohl amtlich heißt, ständig zunehmen. Die Banken und Sparkassen und alle sonstigen Vermögensberater haben sich schon seit längerem auf diesen um sich greifenden »Notstand« eingestellt. Auch die Politiker sind erwacht und diskutieren immer mehr die damit zusammenhängenden Fragen.

Was aber macht der einzelne, wenn es ihn trifft? Ist er darauf vorbereitet? Sollte er es sein? Ist plötzlicher Reichtum ein Glück oder ein Unglück oder beides? Wir wissen ja, daß die Lotto-Million schon manchmal Unheil angerichtet hat. Wie gewonnen, so zerronnen. Das gibt es leider immer wieder. Aber nicht nur das. Viel schlimmer ist der menschliche Schaden, der manchmal angerichtet wird, das Durchdrehen des einzelnen und die Zerstörung von Freundschaften.

Zum Glück sind diese negativen Folgen aber doch die Ausnahme. Plötzlicher Reichtum läßt sich schon ertragen – und mehr als das. Er kann solides und dauerhaftes Glück bedeuten. Damit alles gutgeht, kommt es meiner Meinung nach entscheidend auf zwei Dinge an. Einmal darauf, bescheiden zu bleiben und frei von Geiz, und zum

194

anderen darauf, mit dem unerwarteten Segen wieder neuen Segen zu stiften. Gelegenheiten dazu gibt es in Hülle und Fülle. Man muß sie nur ergreifen, aber die richtigen bitte! Sorgfältig prüfen und nicht verführen lassen!

Aber sonst gibt es nichts Schöneres, als verfügbares Vermögen so zu nutzen, daß auch andere, wirklich Bedürftige, die nicht erben und gewinnen, daran teilhaben können.

August 1990

Der Yen ist auch Geld

Alles hat irgendwann mal ein Ende. Auch Kolumnen. Monat für Monat hat Bankier von Bethmann PRINZ-Leser in seiner »Moneten-Show« in die Logik von Markt, Mark und Pfennig eingeweiht. Zum vorläufigen Finale analysiert er die harte Währung Nippons, den Yen.

Dieses Mal rede ich nicht von unserem Geld. Heute rede ich vom Geld der Japaner, dem Yen. Aber: Japanisch verstehe ich nicht. Von Japan verstehe ich nichts. Japan ist für mich ein Rätsel. Trotzdem – oder gerade deswegen – eine Meinung zu Japan, ja sogar ein Urteil über Japan habe ich natürlich doch. Auch ein Urteil über die japanische Wirtschaft, die noch ein ganz besonderes Rätsel für sich ist. Auch zum japanischen Geld habe ich natürlich eine Meinung, obwohl ich noch nie einen Yen in der Tasche hatte. Warum auch?

Von Geld glaube ich etwas zu verstehen. Aber mit dem Yen scheint manches doch sehr anders zu sein. Ist der Yen wirklich anders als anderes Geld? Ist die ganze japanische Wirtschaft anders als andere Volkswirtschaften? Ist sie anders, weil das japanische Geld anders ist? Das könnte sein.

Alles Geld gehorcht natürlich den gleichen Grundgesetzen, die übrigens weitgehend noch unerforscht sind – aber die nationalen Währungen erfahren jeweils eine besondere »Prägung« durch Unterschiede in der Mentalität und im Nationalcharakter. Das ist nicht weiter überraschend. Nehmen wir allein schon die unterschiedliche Einstellung der Menschen zum Sparen, zum Geld-»Ausgeben«, zum Schuldenmachen, zu den Zinsen oder zu den Preisveränderungen überhaupt. Denken wir an die ganz verschiedene – auf verschiedenen nationalen Erfahrungen beruhende – Inflationsempfindlichkeit.

Und die Japaner? Wir wissen, daß sie besonders viel sparen, vor allem auch die »kleinen Leute«. Wir sehen aber auch, daß sie zugleich Weltmeister im Geldpumpen sind. Vor allem ist ihre Geldwerteinschätzung offenbar eine ganz andere, darum auch ihre Einstellung zur Preisinflation. Allerdings werden die Japaner auch mit völlig andersartig berechneten Inflationsstatistiken – ich wage zu sagen – an der Nase geführt. So konnte es geschehen, daß die schlimmsten Preissteigerungen der Welt, etwa an der japanischen Aktienbörse und im japanischen Immobilienmarkt, ohne Auswirkungen auf die wesentlichen nach dem stabilmanipulierten Reispreis berechneten amtlichen Inflationsraten geblieben sind. In Wirklichkeit liegt die japanische Preissteigerungsrate nicht bei eindrucksvollen 2 bis 4 Prozent, sondern zehnmal so hoch oder noch höher. So hoch wie fast nirgends sonst in der Welt. Das ist jahrelang gutgegangen, aber auch in Japan gelten die Gesetze des Marktes, und die Stunde der Wahrheit wird kommen.

Auch Grundstückswerte, auch Aktienkurse sind Preise, die letztendlich für alle im Lande (und in der Welt) nachvollziehbar und auch »bezahlbar« bleiben müssen. Von vielen Yen-Preisen kann man das schon lange nicht mehr sagen. Der Yen ist in Wahrheit eine hochinflationierte Währung. Leider. Schlimm für die Japaner. Schlimm aber auch für uns.

September 1990

Klartext

Seit Jahren versuche ich über Anzeigen, die regelmäßig in der »Frankfurter Allgemeinen Zeitung« erscheinen, die Öffentlichkeit aufzurütteln und empfindlich zu machen für die haarsträubend falsche Geldpolitik, die nun schon seit Jahrzehnten betrieben wird. Hier einige Highlights aus diesen Zeitgedanken und Leitsätzen der Bethmannschen »Monetären Ökonomie«.

Zur Weltkonjunktur:

2. januar 1989
finanz-crashs sind wie
erdbeben. sie kommen be-
stimmt, nur der tag ist
ungewiss.
mehr dazu im

„ *Bethmann Brief* "
————069/288150————

TELEX 77

Zur Klartext:

weil seifenblasen
einmal platzen mues-
sen, darum kommt der
crash — bestimmt.

mehr dazu im

„ *Bethmann Brief* "
————069/288150————

TELEX 77

Zur Weltkonjunktur:

d-mark, dollar, franc und
pfund
werden so nie mehr gesund.
drum muss neues geld ins
spiel:
ecu — frei — privat — stabil.

„ *Bethmann Brief* "
————069/288150————

TELEX 77

Zur Weltkonjunktur:

29. Mai 1989

ecu parallel fuer ganz
europa — ohne korbbindung —
ohne neue zentralbank — die
loesung, akzeptabel fuer
alle.

mehr dazu im

„*Bethmann Brief*"

—————069/288150—————

TELEX 71

Zur Weltkonjunktur:

10. juli 1989

jetzt parallel das neue
geld: ecu in ganz euro-
pa — ohne zentralbank
und darum stabil.
akzeptabel auch fuer
thatcher, poehl und co.

mehr dazu im

„*Bethmann Brief*"

—————069/288150—————

TELEX 71

Zur Weltkonjunktur:

24. april 1989

oh weh. — eine mehrheit im
zentralbankrat glaubt immer
noch an den klapperstorch
(''geldmenge''). — schade.

mehr dazu im

„*Bethmann Brief*"

—————069/288150—————

TELEX 71

Zur Weltkonjunktur:

25. september 1989

die ganze weltwirtschaft ist
eine marode co op: verschachtelt — ueberschuldet — konkursreif — und haengt am
tropf der banken.

mehr dazu im

„ *Bethmann Brief* '

————069/288150————

TELEX

Zur Weltkonjunktur:

26. september 1988

die notenbanken verstehen
von geld und geldvermeh-
rung viel weniger als der
vatikan vom kinderkriegen.
so entstand das viel zu viele
schlechte geld in der welt.
mehr dazu im

„ *Bethmann Brief* '

————069/288150————

TELEX

Zur Weltkonjunktur:

17. april 1989

die ''geldmenge'' hat mit
der inflation soviel zu
tun wie der klapperstorch
mit der geburtenrate.

mehr dazu im

„ *Bethmann Brief* '

————069/288150————

TELEX

201

Zur Klartext:
```
der sozialismus ist
pleite - endlich.
der kapitalismus
ist ueberschuldet -
leider.

mehr dazu im
```
„ *Bethmann Brief* "
———— 069/288150 ————

Zur Weltkonjunktur:
```
6. februar 1989

das ist die 'zinsfalle':

zinsen rauf - der crash
kommt etwas spaeter.
zinsen runter - der crash
kommt etwas frueher.
mehr dazu im
```
„ *Bethmann Brief* "
———— 069/288150 ————

Zur Klartext:
```
die ''zinsfalle'':
zinsen rauf -
boersen-crash.
zinsen runter -
banken-crash.

mehr dazu im
```
„ *Bethmann Brief* "
———— 069/288150 ————

Zur Weltkonjunktur:

TELEX 71

10. oktober 1989

''je hoeher der zins,
desto schlechter das geld.''
ein glueck, dass die Zinsen
jetzt bald wieder fallen –
dank Bundesbank.

· mehr dazu im

„ *Bethmann Brief* "

————069/288150————

Zur Weltkonjunktur:

TELEX 71

3. oktober 1989

hallo bundesbank:
nur fallende zinsen
staerken die d-mark,
niemals steigende.
o.k.?

mehr dazu im

„ *Bethmann Brief* "

————069/288150————

Zur Weltkonjunktur:

TELEX 71

5. juni 1989

immer daran denken:
nur fallende zinsen
stoppen die inflation.
sonst nichts.

mehr dazu im

„ *Bethmann Brief* "

————069/288150————

Johann Philipp Freiherr von Bethmann

Die Bethmann Prognose

6/1987

Entweder der Dollar fällt weiter bis
DM 1,40, oder das Kartenhaus der Dollar-Schulden
bricht vorher zusammen.

Das ist die „Dollar-Falle".

Darauf ist Verlass!

Mehr darüber in meinen Büchern und „Briefen".
Nächste Bethmann Prognose in 14 Tagen an dieser
Stelle.

23.5.1987   *J.P.Bethmann*

——— Telefon 0 69-28 81 50 ———

Zur Weltkonjunktur:

8. august 1988

was die bundesbank nicht
glauben will: der dollar
faellt nur dann, wenn die
dm-zinsen wieder fallen.

mehr dazu im

„Bethmann Brief"
——— 069/288150 ———

TELEX TE

205

Zur Weltkonjunktur:

19. september 1988
dollar viel zu teuer.
ohne abwertung des dollar
(unter dm 1,50) keine loesung der schuldenkrise.
der dollarkurs muss weiter
fallen.
mehr dazu im

„*Bethmann Brief*"
———069/288150———

TELEX

Zur Weltkonjunktur:

1. november 1988

der dollar wird jeden tag
'schlechter'. darum muss
auch sein kurs weiter fallen.
mehr dazu im

„*Bethmann Brief*"
———069/288150———

TELEX

Zur Weltkonjunktur:

14. november 1988

eine waehrung mit 'schrottanleihen' und 'schrottkre-
diten' ist selber 'schrott'.
der dollar faellt zu recht.

mehr dazu im

„*Bethmann Brief*"
———069/288150———

TELEX

Zur Weltkonjunktur:

5. dezember 1988

neues vom dollar:
die schrotthalden wachsen
immer schneller, aber die
notenbanken kaufen ja gerne schrott.
mehr dazu im

„Bethmann Brief'
——— 069/288150 ———

Zur Weltkonjunktur:

der dollar ist 'ueberschuldet' (zu viele verlorene
kredite).
darum muss er noch fallen,-
vorerst auf dm 1,50.

mehr dazu im

„Bethmann Brief'
——— 069/288150 ———

Zur Weltkonjunktur:

wer die geldmenge zu
''verknappen'' ver-
sucht, verstaerkt
die inflation. die
notenbanken sollten
das wissen (auch die
schweizer).

„Bethmann Brief'
——— 069/288150 ———

207

Zur Weltkonjunktur:

16. mai 1989

ohne die noten-
banken gaebe es
weniger inflation.

mehr dazu im

„ *Bethmann Brief* "
———069/288150———

TELEX

Zur Weltkonjunktur:

28. august 1989

inflation ist schoen,
nur ihr ende ist fuerch-
terlich. aber es kommt.

mehr dazu im

„ *Bethmann Brief* "
———069/288150———

TELEX

Zur Weltkonjunktur:

4. september 1989

was ist schlimmer als
preis-inflation? - die
schulden-inflation.

mehr dazu im

„ *Bethmann Brief* "
———069/288150———

TELEX

Literaturverzeichnis

Bethmann, Johann Philipp Freiherr von, Die Deflationsspirale, Frankfurt/M. 1987

Bethmann, Johann Philipp Freiherr von, Auf Inflation folgt Deflation, Frankfurt/M. 1986

Bethmann, Johann Philipp Freiherr von, Die Zinskatastrophe, Frankfurt/M. 1985

Bethmann, Johann Philipp Freiherr von, Der verratene Kapitalismus, Frankfurt/M. 1984

Biven, W. Carl, Who killed John Maynard Keynes?, Homewood 1989

Burrough, Bryan/Helyar, John, Barbarians at the gate – The Fall of RJR Nabisco, New York 1990

Erhard Ludwig, Deutsche Wirtschaftspolitik, Düsseldorf 1962

Erhard, Ludwig, Wohlstand für Alle, Düsseldorf 1990

Friedman, Milton, Price Theory, Berlin 1986

Keynes, John M., Allgemeine Theorie der Beschäftigung des Zinses und des Geldes, Berlin 1983

Keynes, John M., Vom Gelde, Berlin 1983

Malik, Fredmund, Strategie des Managements komplexer Systeme, Bern 1986

Ortner, Robert, Voodoo Deficits – Why Reaganomics worked, Homewood 1990

Popper, Karl, Das Elend des Historizismus, Tübingen 1979

Siebert, Horst, Einführung in die Volkswirtschaftslehre, Stuttgart 1989

Smith, Adam, Der Wohlstand der Nationen, München 1974

von Hayek, Friedrich August, Entnationalisierung des Geldes, Tübingen 1977

Personen- und Sachregister